Auch ohne Bürger sind wir sehr beschäftigt

Karl Hans Fluhr ist Leiter des Hauptamtes in einer kleineren Verwaltung und befaßt sich seit einiger Zeit mit der Einführung von neuen Elementen der Steuerung in der Kommunalverwaltung. Über dieses Thema hat er mit Verwaltungspraktikern zahlreiche Seminare durchgeführt. Er arbeitete in verschiedenen Bereichen der Stadtverwaltung, hauptsächlich auf den Gebieten Organisation und Informationstechnik.

Karl Hans Fluhr

Auch ohne Bürger sind wir sehr beschäftigt

Von der Schwierigkeit, die Verwaltung zu modernisieren

Campus Verlag
Frankfurt/New York

Die Deutsche Bibliothek – CIP-Einheitsaufnahme

Fluhr, Karl Hans:
Auch ohne Bürger sind wir sehr beschäftigt: von der
Schwierigkeit, die Verwaltung zu modernisieren / Karl Hans Fluhr. –
Frankfurt/Main; New York: Campus Verlag, 1995
ISBN 3-593-35431-4

Umschlaggestaltung: Walter Hagenow
Druck und Bindung: Druckhaus Beltz, Hemsbach
Gedruckt auf säurefreiem und chlorfrei gebleichtem Papier.
Printed in Germany

Inhalt

Landauf, landab wird darüber diskutiert, wie die öffentliche Verwaltung zu reformieren sei. Meistens sind es nur die grossen Vorhaben, über die in der Öffentlichkeit geredet wird. Die Politik spricht davon, das Beamtenrecht zu ändern, Gewerkschaften streiten mit Landesregierungen darüber, wer denn nun der billigere Staatsdiener sei: Beamte oder Angestellte. Von schlankem Staat spricht man, Leistungsabbau wird genannt. Wer denn unseren aufwendigen Staat noch bezahlen solle, wird gefragt. Die Verwaltung sei zu schwerfällig, Leistungen sollten privatisiert werden. Erste Reformvorhaben werden angesprochen. Es handelt sich dabei überall um Vorschläge und Maßnahmen, die den öffentlichen Dienst generell umkrempeln sollen. Eine Reform von oben sozusagen. Per Gesetz oder Verordnung. Hintergrund ist immer die Tatsache, daß der Staat die Leistungen nicht mehr bezahlen und daß man die Bürger nicht noch mehr belasten kann.

Eine ganz andere Diskussion findet derweil an der Basis statt. Bei den Kommunen. In Gemeinde-, Stadt- und Kreisverwaltungen werden schon seit geraumer Zeit Überlegungen angestellt, die Arbeit der Kommunalverwaltungen effektiver und effizienter zu gestalten. Und man hat schon erste Erfolge vorzuweisen. Die Diskussion findet fast unbemerkt von der Öffentlichkeit statt. Zwar merken auch hier die Bürger, wenn ihre Kommune ein Hallenbad schließt, auch die Presse berichtet darüber, aber das ist nur ein Teilaspekt der Reformvorhaben. Zwar zwingt auch hier die finanzielle Situation die Kommunen zu Einsparungen, aber es geht um mehr. Man will den Umbau der Kommunalverwaltung zu einem modernen Dienstleistungsunternehmen und damit beweisen, daß man Dienstleistungen in der Verwaltung ebenso rationell und kundenfreundlich erbringen kann wie in der Privatwirtschaft. Dabei gibt es nicht ein einzig und allein gültiges Rezept, wie man die Verwaltung umbauen kann, sondern es sind viele Einzelmaßnahmen notwendig, und viele Wege führen zum Ziel. In fast allen Kommunen wird zur Zeit an neuen Steuerungsmodellen gearbeitet, mit vielfältigen Ansätzen. Die Mosaiksteinchen, mit denen hantiert wird, werden sich hoffentlich einmal zu einem einheitlichen Gesamtbild zusammenfügen.

Wenn man reformiert, muß man auch die heutigen Schwachstellen kennen. In diesem Buch werden, manchmal etwas überspitzt formuliert, einige Beispiele beschrieben. Es sind aber nicht die Mitarbeiter in den Verwaltungen, die Bürgermeister oder die Ratsmitglieder, denen man „falsches Handeln" vorwerfen sollte. Es ist unser System, in dem sie gefangen sind und das nicht mehr zeitgemäß ist. Versuchen wir also nicht die Menschen zu reformieren, sondern ihr Umfeld.

1 Wir wissen nicht, was wir tun

Wenn man einen Verkäufer in einem Jeans-Laden fragt, was er eigentlich tut, wird er voraussichtlich antworten „Hosen verkaufen". Stellt man einen Verwaltungsmitarbeiter dorthin und richtet die gleiche Frage an ihn, wird er ungefähr folgendes antworten:

„Ich mache Angebote, nehme dann Kaufverträge entgegen, schliesse Kaufverträge ab, vereinnahme den Kaufpreis, stelle eine Quittung aus, übergebe die Ware usw." Weil dies wahrscheinlich keine vollzählige Auflistung seiner Tätigkeiten ist, wird er die Aufzählung noch mit der Einschränkung „insbesondere" oder „überwiegend" versehen. Denn die Aufzählung soll ja vollständig sein. Nur nichts vergessen. So wurde er ausgebildet, und so hat er zu denken gelernt. Er soll Regeln anwenden und Gesetze ausführen. Welche Ziele mit seinem Handeln verbunden sind, ist nicht so wichtig.

Der Vergleich zeigt, daß wir in der Verwaltung nicht mehr gewöhnt sind, normal zu denken. Wir wissen nicht mehr, was wir eigentlich tun. Uns ist der Blick für das Wesentliche verlorengegangen oder auch für das, was wir eigentlich tun sollen.

Die Aufgaben der Verwaltung sind durch den Gesetzgeber vorgegeben oder durch Ratsbeschluß festgelegt. Schon früh hat man versucht, alle Aufgaben einer Verwaltung in einem Katalog zusammenzufassen. Wenn wir wissen wollen, welche Aufgaben eine Kommunalverwaltung hat, kann man folglich in einem Aufgabengliederungsplan nachschlagen. Dort habe ich unter der Rubrik „Weiterbildung" folgende Aufgabe gefunden:

„Zusammenarbeit mit Einrichtungen und Gruppen des kulturellen, wissenschaftlichen, sozialen und schulischen Lebens."

Alles klar?

Die Aufgabengruppe Weiterbildung soll den Auftrag an die Verwaltung beschreiben, ein Weiterbildungsangebot bereitzustellen und entsprechende Veranstaltungen durchzuführen. Landläufig sind die Volkshochschulen damit gemeint. Es geht darum, z. B. Fremdsprachenkurse zu einem vernünftigen Preis, den der Bürger bezahlen kann und zeitlich sowie örtlich bürgernah anzubieten, daß möglichst viele Bürger daran teilnehmen können. Andererseits soll auch eine Kostendeckung erreicht werden, damit nicht der Steuerzahler, sondern nur der Nutzer der Einrichtung, der ja auch eine Leistung erhält, belastet wird. Dies sagt jedoch niemand in der Verwaltung und schon gar nicht in der Politik, die die Aufgabe zu definieren und die Mittel bereitzustellen hat. Vielleicht weiß es auch niemand in der Verwaltung.

Betrachten wir uns einmal den gesamten Aufgabenkatalog in der Rubrik Weiterbildung. Dort heißt es:

1. Federführung für die Weiterbildungsentwicklungsplanung
2. Programmplanung
3. Durchführung der Weiterbildungsveranstaltungen
4. Bildungs-, Studien- und Lernberatung
5. die schon erwähnte „Zusammenarbeit..."

Was eigentlich erreicht werden soll, steht nirgendwo. Wir haben in der Verwaltung umfangreiche Papiere, in denen geschrieben steht, was wir tun sollen. Es gibt einen Aufgabengliederungsplan, der fein säuberlich alle Aufgaben aufzählt, die wir zu erfüllen haben. Es gibt Stellenbeschreibungen, die den Mitarbeitern sagen, welche Tätigkeiten sie wahrzunehmen haben. Es wimmelt darin von Funktionen, Tätigkeiten, Teilverrichtungen, die wir ausführen sollen. Aber wo ist gesagt, daß wir einen Computerkursus planen und durchführen sollen, wer die eventuellen Nachfrager eines solchen Kurses sind, was er kosten darf und beinhalten soll?

Stellen Sie sich vor, Sie hätten einen solchen Kursus zu organisieren. Was würden Sie tun? Natürlich müßte man zunächst einmal wissen, ob der Kursus eine entsprechende Nachfrage hätte, was der Kunde bereit wäre zu zahlen usw. Sind wir uns darüber im klaren, versuchen wir einen geeigneten Dozenten zu finden und stimmen mit ihm Inhalt, Dauer, Zeit und andere Rahmenbedingungen des Kurses ab. Dann versuchen wir, einen geeigneten Raum zu finden und besorgen die erforderlichen Geräte und Unterrichtsmaterialien. Wir machen genügend Werbung, damit das Seminar ausgebucht sein wird, nehmen die Anmeldungen entgegen und kassieren den Seminarpreis. Schlicht gesagt tun wir alles Erforderliche, damit unser Kursus (auch finanziell) ein voller Erfolg wird. Bei unserem Handeln orientieren wir uns an diesem Ziel. Vielleicht stellen wir schon vorher fest, daß überhaupt kein Bedarf für den Kurs besteht oder daß die Konkurrenz so groß ist, daß wir gar keine Chance mit unserem Angebot haben. Dann lassen wir die Finger davon.

In der Verwaltung ist das nicht selbstverständlich. Dort erfüllen wir Aufgaben. Wir müssen einen Programmplan machen und die Veranstaltungen durchführen. Das ist zunächst ein gut gemeinter Ansatz, denn wir sollen eine Planung für Weiterbildungsmaßnahmen erstellen, also ein bestimmtes Bedürfnis in der Bevölkerung befriedigen. Die Politik hat dieses Bedürfnis längst erkannt und uns einen Auftrag erteilt. Also machen wir uns an die Arbeit und stellen unser Programm für die Volkshochschule auf. Dabei müssen wir natürlich mit anderen zusammenarbeiten, eben mit allen Einrichtungen und Gruppen des kulturellen, wissenschaftlichen, sozialen und schulischen Lebens. Dabei kommen eine Menge vernünftiger Vorschläge auf den Tisch, die wir auch in unserem Programmangebot berücksichtigen. Weil aber zu den genannten Gruppen, nehmen wir einmal an, auch der Verband der Weinhändler gehört, knüpfen wir auch dorthin unsere Kontakte. Der Verband sieht ein bestimmtes Bedürfnis in der Bevölkerung und schlägt vor, einen Weiterbildungskursus für Weintrinker anzubieten. Der Verband ist nicht ganz ohne Einfluß auf die Politik im Rat, so daß wir den vorgeschlagenen Kursus in unser Programm aufnehmen. Im Ergebnis haben wir sechs Teilnehmer, die natürlich ordnungsgemäß ihre Gebühr von 60 DM für die vorgesehenen sechs Abende bezahlen.

Eine öffentliche Aufgabe, die wir erfüllen? Wissen wir noch, was wir tun und für wen wir etwas tun sollen? Die Zusammenarbeit mit anderen, die uns durch die Aufgabe vorgegeben ist, ist zur Institution geworden. Es geht nicht mehr darum, daß wir mit anderen sprechen, weil wir ein Ziel erreichen wollen, es geht in diesem Fall um das Gespräch selbst und die Durchsetzung bestimmter Interessen. Was fängt ein Mitarbeiter der Verwaltung mit der Aufgabe „Zusammenarbeit mit..." eigentlich an?

In einer Stellenbeschreibung für den Sachbearbeiter der Paßstelle sind folgende Tätigkeiten aufgelistet:

1. Entgegennahme und Bearbeitung von Anträgen auf Ausstellung eines Personalausweises
2. Überprüfung der personenbezogenen Daten
3. Unstimmigkeiten bei Namensführung, Meldeverhältnissen etc. klären und beseitigen
4. Weiterleitung der Anträge an die Bundesdruckerei zur Ausfertigung des Ausweises
5. Anlegung einer Personalausweiskarteikarte
6. Überprüfung der Ausweise nach Eingang
7. Benachrichtigung der Antragsteller und Aushändigung des Personalausweises.

Der übergeordnete Sachbearbeiter (er wird hier Sachgebietsleiter genannt) hat eine andere Funktion. Hier ein Auszug aus seiner Stellenbeschreibung:

1. Melde-, Paß- und Ausweisangelegenheiten von besonderer Schwierigkeit bearbeiten
2. Ausstellen von Personalausweisen, Kinderausweisen und Reisepässen überwachen und unterschreiben
3. Bearbeitung von Paßversagungen.

Es ist ja so einfach, Anträge entgegenzunehmen, zu bearbeiten und schnell zu vergessen, warum wir überhaupt ein Antragsverfahren haben. Die einfache Beschreibung all dieser Tätigkeiten des Mitarbeiters könnte auch schlicht lauten: Personalausweise ausstellen. Aber so einfach steht es nirgendwo. Und so einfach denkt auch kein Mitarbeiter in der Verwaltung. Er hat gelernt, Gesetze auszuführen und anzuwenden. Da ist es eben wichtiger, einen Antrag korrekt aufzunehmen und die personenbezogenen Daten zu überprüfen als die Kunden freundlich und zuvorkommend, unbürokratisch und prompt zu bedienen. Sicher ist die korrekte Rechtsanwendung wichtig. In dem Bemühen, nur ja keinen Fehler zu machen, übersehen wir jedoch die eigentliche Zielsetzung, die unserem Handeln zugrunde liegen soll, und werden zu Bürokraten. In unserer Paßstelle haben wir eine rationelle Arbeitsteilung. Es ist uns gelungen, die doch relativ einfache Aufgabe „Personalausweise ausstellen" so zu zerlegen, daß wir zwei oder drei Mitarbeiter damit beschäftigen können. Für diese „Kernspaltung" hätten wir den Nobelpreis verdient.

Versuchen wir einmal, über die Folgen der Arbeitsteilung nachzudenken: Der Mitarbeiter erledigt bestimmte Tätigkeiten und bereitet die Entscheidung vor (wobei schon hier die Frage zu stellen ist, was der vorgesetzte Sachbearbeiter mit seiner Unterschrift überhaupt entscheidet). Er kann sich darauf verlassen, daß seine Arbeit kontrolliert wird, denn der Vorgesetzte unterschreibt und kontrolliert. Damit ist der Mitarbeiter die Verantwortung los - das weiß er, und so verhält er sich auch. Aufgrund der Aufgabenverteilung kann er noch nicht einmal den Gesamtvorgang überschauen, geschweige denn die Zielsetzung, die hier zugrunde liegt. „Paßangelegenheiten von besonderer Schwierigkeit" (was ist das überhaupt?) bekommt er gar nicht mit. Aber noch nicht genug mit der Arbeitsteilung. Die für den Paß zu erhebende Gebühr darf der Mitarbeiter auch nicht kassieren, weil ja die Gesetzgebung vorschreibt, daß er keine Kassengeschäfte wahrnehmen darf. Also richten wir eine zentrale Gebührenkasse ein, damit der Bürger drei Anlaufstellen bekommt. Fassen wir kurz zusammen, wer alles an der Produktion unseres Personalausweises beteiligt ist:

1. Der Sachbearbeiter, der den Antrag aufnimmt
2. Die Bundesdruckerei, die den Ausweis herstellt
3. Der Vorgesetzte, der den Ausweis kontrolliert und unterschreibt
4. Die Gebührenkasse, die die Gebühr vereinnahmt.

Weder der Bürger noch der Verwaltungsmitarbeiter wissen genau, wer denn nun für die Ausstellung des Ausweises verantwortlich ist. Wer hat eventuell einen Fehler gemacht? War es der Mitarbeiter, der den Antrag aufgenommen hat, oder hat der Vorgesetzte schlampig kontrolliert, hat die Bundesdruckerei geschlafen oder hat gar die Gebührenkasse falsch kassiert? Die Verantwortung läßt sich wunderbar hin- und herschieben.

Wir haben in der Vergangenheit versucht, die Abläufe in der Verwaltung wie Fließbandarbeit zu organisieren. Das erschien uns rationell und zweckmäßig. Aber so richtig funktioniert es nicht. Unsere Mitarbeiter wissen auch deshalb nicht mehr, was sie tun, weil wir ihnen ganz genau gesagt haben, was sie tun sollen. Wir haben ihnen nur nicht gesagt, was bei ihrem Handeln herauskommen soll. Der Bürger hat keine Möglichkeit, wenn es denn bei uns zu lange dauert und er drei verschiedene Stellen anlaufen muß, bei der Paßstelle einer anderen Verwaltung seinen Paß zu beantragen, wo es vielleicht schneller geht und er freundlicher behandelt wird. Wir sind halt wer, und zu uns muß man kommen. Das wissen leider auch die Mitarbeiter.

Ich habe neulich eine Stellenbeschreibung gesehen, die über zwölf DIN A 4-Seiten umfaßte. Insgesamt waren rund 120 Einzeltätigkeiten aufgelistet. Ob der Sachbearbeiter eigentlich selbst weiß, was er alles zu tun hat? Rund 20 Tätigkeiten waren mit „Anträge entgegennehmen und bearbeiten" beschrieben. Kaum eine Tätigkeit beschrieb die Leistung, die die Verwaltung zu erbringen hätte. Der Mitarbeiter ist umgeben von Tätigkeitsbeschreibungen und gestaltet seinen Arbeitsablauf danach. So kann er nicht über seinen Tellerrand hinausblicken, nicht einmal darauf, was er zur Gesamtleistung seines Amtes beiträgt, was seine Leistung kostet und in welcher Qualität er sie erbringt.

Wenn wir bisher in der Verwaltung überhaupt einen Qualitätsstandard hatten, so war er an der Rechtssicherheit orientiert. Wir haben alles niet- und nagelfest gemacht, alles darangesetzt, unser Handeln so zu gestalten, daß es einer Rechtsüberprüfung standhält. Ob die Dienstleistung schnell erfolgt, unbürokratisch oder zu einem günstigen Preis, hat uns nicht so sehr interessiert.

Wenn Sie Ihr Auto zur Inspektion in die Werkstatt geben und man hat den Ölwechsel vergessen, sind Sie zu Recht furchtbar sauer. Sie werden jedoch Ihre Werkstatt anrufen und den Wagen wieder hinbringen. Der Werkstattchef wird sich bei Ihnen entschuldigen und dem zuständigen Kfz-Mechaniker den Kopf waschen. Er wird aber eines nicht tun, was wir in der Verwaltung tun würden, wenn wir etwas vergessen hätten: Einen weiteren Mitarbeiter einstellen, der ausschließlich dafür da wäre, den anderen Mitarbeiter zu kontrollieren. Passiert in der Verwaltung so etwas, müßten Sie erst einmal Widerspruch einlegen.

Im Sommer, wenn ich Urlaub habe, gehe ich ab und zu ins Freischwimmbad, um einige Runden zu schwimmen. Ich mache das dann morgens irgendwann zwischen 8 und 10 Uhr, weil um diese Zeit nur wenige Besucher da sind und man in aller Ruhe schwimmen kann. Meistens habe ich höchstens zwischen fünf und zehn andere Badegäste angetroffen. Für diese Besucherschar ist dann wenigstens ein Schwimmeister und eine Kassiererin anwesend. Nun ist ja der Betrieb eines Schwimmbades eine öffentliche Aufgabe, die dem Ziel dient, ein Sport- und Freizeitangebot für die Bevölkerung bereitzuhalten. Es ist auch hinlänglich bekannt, daß kommunale Schwimmbäder nicht kostendeckend arbeiten. Unterstellen wir einmal, daß der Kostendeckungsgrad bei 30 % liegt. Dann schießt die öffentliche Hand bei jedem Schwimmbadbesuch bei einem Eintrittspreis von 3 DM nochmals 7 DM aus Steuergeldern zu, um die Kosten für den Betrieb des Bades zu decken. Dies ist jedoch nur ein Durchschnittswert. Der Zuschußbedarf ist niedriger, wenn an einem heißen Sommernachmittag Hunderte von Besuchern strömen, er ist aber in dem genannten Beispiel höher; vielleicht liegt er bei 20 oder sogar 30 DM. Abends wird das Schwimmbad in der Regel um 19 oder 20 Uhr geschlossen. An langen, heissen Sommerabenden könnte eine größere Nachfrage bestehen. Eine Verschiebung der Öffnungszeit in die Abendstunden hinein läge durchaus auch im Interesse der Schwimmbadbesucher. Der Schwimmbadbetrieb könnte zwar nicht kostendeckend, aber insgesamt weniger verlustreich gestaltet werden. Dennoch werden keinerlei Überlegungen angestellt, den Schwimmbadbetrieb effizienter zu gestalten. Wir wissen nicht, was unsere Kunden wollen. Hat man schon einmal Befragungen durchgeführt, die nachweisen, wann wir die größten Besucherströme zu erwarten haben und wann so wenige Badegäste kommen, daß die Vorhaltung von Schwimmeister und Kassierer total unwirtschaftlich ist?

Alle Versuche, die Öffnungszeiten zu ändern, scheitern auch an organisatorischen Fragen. Tarifvertragliche Regelungen verhindern, daß kommunales Personal über eine bestimmte Zeitspanne hinaus beschäftigt wird. Flexible Öffnungszeiten, die sich nach dem Wetter richten, sind schon gar nicht machbar, weil man dem Personal einen solchen flexiblen Einsatz nicht zumuten kann oder will. Schwimmbäder werden auch an bestimmten Zeiten für den Schulsport oder für Vereine offengehalten. Vereine haben sogar meistens freien Eintritt. Weil aber das Ratsmitglied X Vorsitzender des örtlichen Schwimmsportvereins ist, haben Überlegungen nach mehr Effizienz keine Chance. Im Rat werden dann plötzlich wieder die Zielsetzungen diskutiert - Förderung des Vereinssports usw. In der Praxis kann das so aussehen, daß die Mitglieder des Sportausschusses für eine großzügige Öffnungsregelung plädieren, die Mitglieder des Finanzausschusses (es sind unter Umständen die gleichen Personen) sich aus Kostengründen dagegen aussprechen, weil sie ja die Haushaltsmittel bereitzustellen haben. Wissen wir noch, was wir tun sollen? Wer fragt, was der Bürger eigentlich will?

Als Bürger erwarte ich von der Verwaltung zunächst einmal qualitativ gute Dienstleistungen zu günstigen Kosten (Preisen). Ich erwarte aber auch die nutzerfreundliche Zugänglichkeit, d.h. eine gute Erreichbarkeit und günstige Öffnungszeiten. Ich erwarte, daß ich nicht zu vielen Ansprechpartnern, sondern möglichst nur zu einem geschickt werde, und ich erwarte eine zuvorkommende Bedienung. Und schließlich erwarte ich noch eine schnelle und transparente Bearbeitung und Entscheidung meines Anliegens. Wenig von alledem haben wir realisiert.

In Rheinland-Pfalz hat man jetzt das Finanzamt 2000 ins Leben gerufen. Man will bürgerfreundlicher werden. Zunächst hat das die Auswirkung, daß die Finanzämter an zwei Tagen in der Woche für den Publikumsverkehr ganz geschlossen sind. Warum? Die Mitarbeiter, so argumentiert man, haben dann mehr Zeit, die Angelegenheiten zu bearbeiten. Der lange Entscheidungsweg würde verkürzt, die Bürger kämen schneller als bisher zu ihrem Steuerbescheid. Bisher habe ich immer zwischen drei und vier Wochen auf meinen Steuerbescheid gewartet, beim letzten Mal, nach Einführung des Finanzamtes 2000, waren es zweieinhalb Monate. In Zeiten, in denen an jedem Arbeitsplatz ein Computer steht, verstehe ich nicht, warum man nicht beides gleichzeitig kann: Die Sprechzeiten verlängern und die Bearbeitungsdauer verkürzen. Aber ich glaube, wir können uns ganz gut auch ohne den Bürger beschäftigen. Der Bürger ist in unserer Verwaltung, in der wir zwischen den Abteilungen und Ämtern hin- und herschreiben, Verantwortung abschieben, Stellungnahmen einholen und Anfragen beantworten, doch nur ein störendes Element.

In den Verwaltungen haben wir bisher in aller Regel Öffnungszeiten zwischen 8 und 12 Uhr vormittags. Wenn man ein Anliegen in der Behörde zu erledigen hat, bedeutet dies, daß man sich einen halben Tag Urlaub nehmen muß. Nachmittags muß geschlossen bleiben, weil man ja bestimmte Dinge ohne den störenden Einfluß der Kunden bearbeiten will. Stellen Sie sich mal ein Einzelhandelsunternehmen vor, das nur an Vormittagen geöffnet hat, weil es nachmittags ja Waren entgegennehmen, sortieren oder die Regale auffüllen muß. Das Unternehmen würde in kürzester Zeit Konkurs anmelden, weil die Kunden andere Öffnungszeiten wollen, aber wir richten uns nicht danach, weil wir ja keine Konkurrenz haben. Bei dem Versuch, die Öffnungszeiten des Ordnungsamtes zu ändern, habe ich von Mitarbeitern folgende Gegenargumente gehört:

- Wir benötigen Zeit für die Vor- und Nacharbeit
- Mit großzügigeren Öffnungszeiten ist Mehrbelastung verbunden
- Wir können unsere Mittagspause nicht mehr individuell gestalten
- Wenn man den ganzen Tag Publikumsverkehr hat, kann man überhaupt nicht mehr konzentriert arbeiten.

Nun arbeiten wir in der Verwaltung ja etwas anders als in der Privatwirtschaft. Übertragen Sie diese Aussagen dennoch einmal auf einen privatwirtschaftlichen Betrieb. Könnten sich die Mitarbeiter dort solche Einstellungen leisten?

Die Bearbeitung einer Baugenehmigung dauert je nach Bauvorhaben einige Monate. Dies wird in der Öffentlichkeit oft beklagt, und auch der Gesetzgeber unternimmt des öfteren Versuche, das Verfahren zu beschleunigen. Meist wird ein weiteres Gesetz verabschiedet, das das Verfahren beschleunigen soll. Dort sind dann neue Zuständigkeiten, Verfahren, Vordrucke usw. geregelt. Das Gegenteil dessen, was einmal beabsichtigt war, wird erreicht.

Wir ersticken in einer Flut von Gesetzen, Verordnungen, Anweisungen. Kaum ein Mitarbeiter der Verwaltung blickt noch durch, geschweige denn der „Normalbürger". Schnelle und transparente Bearbeitungsverfahren erwartet der Bürger. Wir tun alles, um diese Erwartung nicht zu erfüllen. Wir wissen nicht, was der Bürger (Kunde) von uns erwartet, oder wir wollen es nicht wissen - weil wir morgens an der Stechuhr unseren gesunden Menschenverstand abgeben und uns in die Ausführung von Gesetzen und Verordnungen stürzen. Bei der Paßstelle haben wir drei Ansprechpartner. Alle Bemühungen, daß der Sachbearbeiter, der den Personalausweis ausstellt, auch die Bearbeitungsgebühr kassiert, damit der Bürger nicht mehr zur Gebührenkasse laufen muß, schlagen fehl. Weil das kommunale Kassenrecht sehr kompliziert ist und wir aus Sicherheitsgründen eine Zahlstelle, die nach bestimmten Regeln zu arbeiten hat, einrichten müssen, können wir dem Bürger diesen Gang nicht ersparen.

Wie sieht es eigentlich aus mit der Qualität unserer Dienstleistungen? Kaum ein Mitarbeiter der Verwaltung hat sich darüber Gedanken gemacht. Wir erbringen unsere Leistung so, wie wir das schon seit Jahrzehnten machen. Ob der Bürger zehn Minuten oder eine Stunde warten muß, interessiert uns nicht. Von den ungünstigen Öffnungszeiten ganz zu schweigen.

Wissen Sie, was die Ausstellung eines Personalausweises kostet? Nein? Trösten Sie sich, denn wir in der Verwaltung wissen es auch nicht. Nach dem Gesetz dürfen wir eine Gebühr von 10 DM von Ihnen erheben. Den Ausweis müssen wir in der Bundesdruckerei herstellen lassen. Dafür zahlten wir bisher 11,90 DM an die Bundesdruckerei. Ohne die Kosten für unser Personal und die Sachleistungen haben wir also für jeden ausgestellten Ausweis schon 1,90 DM draufgezahlt. Nun stellt ja auch die Bundesregierung Überlegungen an, bestimmte Leistungen effizienter zu erbringen. Die einfachste Lösung ist dann immer, solche Leistungen zu privatisieren. Also erhält die Bundesdruckerei die Rechtsform einer GmbH. Sonst ändert sich nichts. Sie stellt sich auch nicht etwa dem Wettbewerb, wie man annehmen könnte, sondern verpflichtet Städte und Gemeinden weiterhin, die Ausweise dort herstellen zu lassen. Weil die Bundesdruckerei in der Rechtsform der GmbH nun mehrwertsteuerpflichtig ist, erhöht sich der Preis für einen Personalausweis auf 13,69 DM. Der Bund kassiert jetzt von den Kommunen doppelt ab: Über den Preis für die Sachleistung selbst und über die Mehrwertsteuer. Jetzt wissen wir folgendes: 10 DM kassieren wir vom Bürger, 13,69 DM zahlen wir an die Bundesdruckerei. Was unsere Leistungen (die Antragsaufnahme, das Aushändigen des Ausweises usw.) kosten, wissen wir nicht. Im Haushaltsplan haben wir einen Unterabschnitt „Öffentliche Ordnung, Allgemein". Dort sind die Ausgaben für einen großen Teil der Leistungen des Ordnungsamtes zusammengefaßt. Welche Leistungen erbracht werden oder erbracht werden sollen, steht dort nicht. In dem genannten Unterabschnitt ist ein Ausgabevolumen von rund zwei Millionen DM veranschlagt. Wenn wir uns die Mühe machen, den Aufgabengliederungsplan zu durchforsten, können wir vielleicht annähernd feststellen, welche Leistungen mit dem Geld erbracht werden sollen:

1. Melderegister
2. Ausweise
3. Beglaubigungen
4. Gewerbeangelegenheiten
5. Ordnungsangelegenheiten
6. Dienstleistungen im Umwelt- und Naturschutz.

Wie wir bereits gesehen haben, sind die Leistungen allerdings nirgendwo konkret aufgelistet. Den Leistungsstandard setzten wir uns als Verwaltung selbst. Wir wissen nicht, was unsere Leistungen kosten. Was kostet uns beispielsweise die Überwachung der Strassen hinsichtlich Sauberkeit, was kostet uns die Verwaltung von Fundsachen? Was kostet uns die Gewerbeüberwachung oder die Überwachung von Handwerksbetrieben? Zwar haben wir, gerade im Bereich des Ordnungsamtes, zahlreiche Vorschriften, die uns sagen, welche Gebühr wir für eine Leistung erheben dürfen, aber ob diese Gebühr auch unsere Kosten deckt oder ob wir aus allgemeinen Steuermitteln zuzahlen, wissen wir nicht. In der Privatwirtschaft, die uns so gern als Beispiel vorgehalten wird, wäre so etwas undenkbar. Und wenn sich dort herausstellen würde, daß mit Verlust gearbeitet wird, würden ganz schnell Gegensteuerungsmaßnahmen eingeleitet. Warum wissen wir so wenig über unser

Tun? Wir haben einerseits den Aufgabengliederungsplan, der fein säuberlich alle Aufgaben, die wir wahrzunehmen haben, auflistet. Der Plan sagt allerdings nichts über die Ziele, die Qualität und die Kosten, die bei unserer Leistungserbringung entstehen. Wir haben andererseits den Haushaltsplan, der alle Einnahmen und Ausgaben einer Gemeinde für ein Jahr enthält, diese finanzwirtschaftlichen Kennzahlen aber nicht den Leistungen zuordnen kann.

Wir wissen nicht nur nicht, was ein Personalausweis kostet, wir wissen auch wenig oder nichts über die Kosten anderer kommunaler Leistungen. In einigen Bereichen der Verwaltung haben wir sogenannte Gebührenhaushalte. Gemeint sind die Leistungen der Verwaltung, die über eine Gebühr durch den Bürger bezahlt werden, z. B. die Straßenreinigung, die Müllabfuhr, die Abwasserbeseitigung. Hier haben wir die Kostenrechnung eingeführt und berechnen unsere Gebühren nach den erbrachten Leistungen. Ob wir deswegen aber wirtschaftlich arbeiten, sei dahingestellt. Alle anderen Leistungen der Verwaltung finanzieren wir überwiegend aus Steuergeldern, und eine Zuordnung der Kosten zu den Leistungen erscheint uns nicht so wichtig. Wir wissen nicht, was uns der Betrieb der Bibliothek kostet, wir wissen auch nicht, was uns der Betrieb eines Sportplatzes, einer Sporthalle oder eines Freibades kostet. Der Haushaltsplan faßt in aller Regel mehrere solcher Einrichtungen zu einem Unterabschnitt zusammen. Und wenn einmal einem Unterabschnitt nur eine Einrichtung zugeordnet wird, weist der Unterabschnitt auch nicht alle Kosten aus, weil wesentliche Ausgaben auch in einem anderen Teil des Haushaltsplans versteckt sein können.

2 Hundert Produkte und tausend Leistungen

So eine Kommunalverwaltung ist ein riesiger Gemischtwarenladen. Tausendfach alles unter einem Dach. Das Angebot reicht von der Gewährung von Sozialhilfe über die Anmeldung eines Kraftfahrzeuges bis zur Müllbeseitigung, von der Abwasserbeseitigung über die Betreuung von Kindern in Kindertagesstätten bis zur Durchführung von Wahlen. Wir haben einen umfangreichen Aufgabenkatalog. Es gibt in unserem Aufgabengliederungsplan über vierzig Aufgabengruppen und Hunderte von Aufgaben. Wie schwer es ist, ein Unternehmen mit einem so breit gefächerten Angebot zu steuern, kennen wir aus vielen Beispielen der Privatwirtschaft. Dort kann man unrentable Betriebszweige einstellen.

Die Steuerung einer Kommunalverwaltung ist weitaus schwieriger, da wir ja nicht so genau wissen, was wir tun. Und einfach Leistungen einzustellen, geht auch nicht. Wir arbeiten immerhin nicht gewinnorientiert, sondern sind dem Gemeinwohl verpflichtet. Der Gesetzgeber und der demokratisch gewählte Rat sagen uns, welche Aufgaben wir wahrzunehmen haben. Von uns aus können wir also bestimmte Betriebszweige nicht stillegen, und seien sie noch so unwirtschaftlich.

Früher gab es in jeder Stadt private Leihbibliotheken. Dort konnte man für 20 Pfennig im wahrsten Sinne des Wortes Groschenromane oder andere Literatur ausleihen. Die Privatbibliotheken sind alle von der Bildfläche verschwunden, weil keine Nachfrage mehr bestand. Sie sind heute ersetzt worden von den Videotheken, die man an jeder Ecke findet. Ich habe nie verstanden, warum dieses Angebot von der öffentlichen Hand aufrechterhalten wird. Warum muß eine kleine Stadt eine Bibliothek mit 100 000 Medien betreiben? Verständlich ist es, wenn man bestimmte Sachliteratur sowie Kinder- und Jugendbücher vorhält. Müssen wir aber auch Belletristik, Spiele, CD´s und Videokassetten anbieten? Die Kunden, die wir erreichen und zum Lesen animieren wollen, kommen nicht zu uns - sie gehen zur nächsten Videothek, um sich dort die neuesten Actionfilme auszuleihen. Zu unserem Kundenstamm gehören auch oft gutsituierte ältere Personen, denen wir auch noch kostenlos unsere Bücher ausleihen.

Machen wir auch hier einmal eine kleine Rechnung auf (unter allem Vorbehalt): Wenn ein Buch oder eine Kassette im Durchschnitt 40 DM in der Anschaffung kosten, sind dies bei 100 000 Medien 4 Millionen DM. Bei einer geschätzten Nutzungsdauer von fünf Jahren kostet uns die Medienbeschaffung also 800 000 DM im Jahr. Hinzu kommen rund 1 Million DM (Personal- und Sachkosten) für den Betrieb unserer Bibliothek, Abschreibung und kalkulatorische Zinsen für das Gebäude verschlingen nochmals rund 800 000 DM. Wir wenden somit im Jahr zwischen 2,5 und 3 Millionen DM für die Bibliothek auf. Bei einer geschätzten Ausleihe von 250 000 Medien im Jahr kostet jede Ausleihe zwischen 10 und 12 DM. Eine Benutzungsgebühr erheben wir nicht, wir finanzieren das ausschließlich aus Steuergeldern. Diese Rechnung wird in der Verwaltung nicht aufgemacht (auch nicht in der einfachsten Art wie hier), auch nicht im Rat, der die Mittel bereitstellen muß. Der Rat beschließt im Rahmen des Haushaltsplans, welche Mittel er für die Bibliothek ausgeben will. Was steht dort? Schauen wir einmal im Unterabschnitt des Haushaltsplans einer solchen Gemeinde nach, der die Einnahmen und Ausgaben für unsere Bibliothek ausweisen soll. Dort stehen Gesamtausgaben von rund 1 Million DM und Einnahmen von rund 30 000 DM. Alle anderen Ausgaben für die Bibliothek sind im Haushaltsplan bei anderen Unterabschnitten versteckt. Weiß der Rat, was er beschließt?

Wenn wir kritisch hinterfragen, ob wir bestimmte öffentliche Aufgaben überhaupt noch wahrnehmen sollen, nennen wir das Aufgabenkritik. Dazu haben wir ein feines Instrumentarium - kaum einer wendet es jedoch an. Zur Aufgabenkritik gehört nicht nur die Frage, ob wir bestimmte Aufgaben erfüllen sollen, sondern auch die Frage nach dem Wie. Beträgt der Beratungsbedarf für einen Sozialhilfeempfänger im Sozialamt eine Stunde oder fünf? Diesen Standard setzen wir in der Verwaltung selbst. Meistens ist er historisch gewachsen, eine gewisse Bearbeitungskultur ist entstanden, und es ist kaum möglich, ihn zu ändern. Früher konnte ein Sozialhilfesachbearbeiter jährlich 200 Sozialhilfefälle bearbeiten. Diese Zahl wurde empirisch durch den Vergleich in verschiedenen Sozialämtern ermittelt. Weil aber alles komplizierter geworden ist und die Sozialhilfeempfänger anspruchsvoller, ist diese Zahl im Laufe der Jahre kontinuierlich gesunken, erst auf 150, dann auf 120 Fälle pro Jahr und Sachbearbeiter. Heute gibt es Verwaltungen, die die Zahl der zu bearbeitenden Fälle auf 100 festgesetzt haben. Natürlich kennen die Mitarbeiter des Sozialamtes diese Verwaltungen und fordern immer wieder - weil die Belastung ja größer wird - eine Anpassung. Auf diese Art und Weise schaukelt man sich gegenseitig hoch (oder vielmehr nach unten). Es wäre total verfehlt anzunehmen, in unseren Sozialämtern hätten wir Mitarbeiter, die sich auf die faule Haut legen wollen, deshalb wollen sie nicht die Fallzahlen nach unten haben. Sie wollen aber mehr Zeit für die individuelle Betreuung eines Sozialhilfefalles. Das ist an und für sich nicht verwerflich, aber die Mitarbeiter vergessen dabei die Frage, ob sich der Sozialstaat das überhaupt leisten kann. Anders ausgedrückt: Die Frage, welcher Betreuungsstandard einem Sozialhilfeempfänger zugute kommt, wird nicht von der Politik beantwortet, sondern von den Verwaltungsmitarbeitern. Kein Politiker im Rat hat jemals hinterfragt, wie hoch der Verwaltungsaufwand im Sozialhilfebereich ist und was die Betreuung eines Hilfeempfängers kostet. Der von der Verwaltung vorgelegte Haushaltsplan für den Sozialbereich wird als unabdingbar hingenommen und vom Rat beschlossen. Auf Bundesebene diskutiert man dann lieber darüber, wie man Sozialhilfeleistungen einschränken kann. Dabei hat die „Verwaltung der Sozialhilfe" einen nicht unbeträchtlichen Anteil an den gesamten sozialen Leistungen.

In der letzten Zeit hat man viel und gründlich darüber nachgedacht, wie eine Kommunalverwaltung zu reformieren wäre, hat sich Erfahrungen aus dem Ausland zunutze gemacht und die Instrumente aus den 60er und 70er Jahren und die aus der Privatwirtschaft ausgepackt. Was gibt es heute nicht alles für Reformvorschläge. Insbesondere die Politik favorisiert immer wieder die Privatisierung. Man meint, man brauche Leistungen nur von einem Privatunternehmer erbringen zu lassen, schon sei alles wirtschaftlicher und effektiver. Aber welches Privatunternehmen will schon ein defizitäres Schwimmbad übernehmen und welche Firma soll Personalausweise ausstellen und dann auch noch draufzahlen? Sicher sind die Strukturen in einem Privatbetrieb einfacher. Dort behindert nicht eine große Zahl von Vorschriften die rationelle Leistungserbringung. Aber der Privatbetrieb ist gewinnorientiert ausgerichtet, die öffentliche Verwaltung am Gemeinwohl orientiert. Deshalb werden wir nie alles und jenes privatisieren können. Wir müssen uns also daranmachen, die jahrzehntealten Strukturen in der Verwaltung zu verändern. Wenn wir uns andere Strukturen geben, werden wir den Beweis antreten können, daß wir genauso leistungsfähig sind wie ein Privatbetrieb. Nur wird diese Lösung von den wenigsten bevorzugt. Man glaubt, wenn man über die Bundesdruckerei die Rechtsform einer GmbH stülpt, sei alles zur Reform dieses Betriebes getan.

Weil wir nicht wissen, was wir tun, was die Bürger von uns erwarten und was unser Tun kostet, müssen wir uns zunächst über unsere Leistungen Klarheit verschaffen. Die vorhandenen Grundlagen, die wir in der Verwaltung haben, taugen nicht dazu. Und wieder hat man zur Privatwirtschaft geschaut: Ein Produktionsbetrieb weiß ganz genau, was er produziert, ein Dienstleistungsunternehmen weiß ganz genau, welche Dienstleistungen es erbringt. Dabei wissen die in aller Regel auch, wie hoch ihre Kosten sind und welche Qualität ihre Leistungen haben. Und weil sie sich am Markt behaupten müssen, wissen sie auch, was ihre Kunden wollen. Vorbild auch für die Verwaltung? Stellen wir uns also zunächst die Frage, was wir in der Verwaltung produzieren oder welche Dienstleistungen wir erbringen? Nicht mehr die Aufgabe oder die Tätigkeit eines Mitarbeiters der Verwaltung stehen im Vordergrund, sondern das „Produkt" oder die „Leistung" der Verwaltung. Wir orientieren uns nicht mehr am Input, also an den Mitteln, die man uns zur Verfügung stellt, sondern am Output, an den Leistungen, die wir erbringen. Wir haben plötzlich ein schönes neues Steuerungsmodell, das endlich die verkrusteten Strukturen aufweichen soll. Viele Städte und Gemeinden experimentieren mit neuen Modellen. In unzähligen Aufsätzen, Berichten und Fachbüchern werden Instrumente, Vorgehensweisen und Ansätze der Veränderung beschrieben. Wir wollen dies alles hier nicht wiederholen. Aber einige grundsätzliche Ausführungen zu diesen Überlegungen seien gestattet, zunächst einmal zu der Frage, wie wir endlich erfahren können, was wir tun.

Die Verwaltung tut im Prinzip nichts anderes als ein privater Dienstleistungsbetrieb, nämlich gewisse Dienstleistungen oder „Produkte" zu erstellen. Nur weiß man im Privatbetrieb ganz genau, wie die Produkte aussehen, was sie kosten und ob sie am Markt abzusetzen sind. Das Produkt steht dort im Mittelpunkt aller Überlegungen. Ihm werden Kosten zugeordnet, nach ihm wird die Organisation ausgerichtet, und für seine Herstellung stellt man das notwendige Personal bereit. Ist ein Produkt zu teuer, kann man es nicht mehr verkaufen. Entweder stellt man die Produktion dann ein oder man versucht, das Produkt billiger zu machen. Das gleiche gilt auch für die Qualität des Produkts. Man kann heute nur konkurrieren, wen man den Qualitätsanforderungen der Kunden genügt. Natürlich muß das Produkt auch vermarktet werden. Ziel ist es, möglichst viele Produkte gewinnbringend zu verkaufen. Diesem Ziel werden alle Überlegungen untergeordnet, und diesem Ziel fühlen sich auch die Mitarbeiter verpflichtet. Geht es dem Betrieb gut, geht es auch den Mitarbeitern gut. Die Mitarbeiter kennen in aller Regel ihren Beitrag, den sie zur Zielerreichung leisten. Wenn es uns in der Verwaltung also gelingt, genau zu definieren, was wir produzieren und unser Ziel es sein muß, qualitativ hochwertige Produkte kostengünstig zu erstellen, haben wir den ersten Schritt zu einer besseren Verwaltung getan. Also machen wir uns an die Arbeit und definieren unsere Produkte. So einfach, wie in den paar Zeilen beschrieben, ist es jedoch nicht. Ist der Personalausweis unser Produkt, ist die Baugenehmigung unser Produkt? Was ist mit der Beratung des Sozialhilfeempfängers, und wie können wir dieser Leistung unsere Kosten zuordnen?

„Ein Produkt ist das,

- was ein Fachbereich an einen anderen außerhalb der Organisationseinheit liefert
- womit ein Bedarf des anderen gedeckt wird
- wofür der andere einen Preis bezahlen müßte.

Darüber hinaus ist das Produkt

- Bezugspunkt für die finanzwirtschaftliche Planung
- Bezugsbasis für das gesamte Informations- und Berichtswesen zur Steuerung und Kontrolle des Planungsvollzugs
- Träger aller für Planung, Vollzug und Rechenschaftslegung steuerungsrelevanter Informationen."

So definieren es die, die bereits Erfahrungen mit dem neuen System gesammelt haben. Wir werden uns in der Verwaltung daran gewöhnen müssen, daß wir Dienstleistungen erbringen oder Produkte erstellen. Wenn man einmal den Versuch unternimmt, beispielsweise im Ordnungsamt, im Hauptamt und im Schul- und Kulturamt, Produkte zu beschreiben, kommt man im Durchschnitt für jedes Amt auf ca. 20 bis 25 Produkte, denen wir wiederum durchschnittlich 10 bis 15 Leistungen zuordnen können. Rechnet man das um auf die gesamte Verwaltung, kommt man leicht auf 200 bis 250 Produkte und die zehn- bis fünfzehnfache Anzahl von Leistungen. So eine Kommunalverwaltung erstellt also einige hundert Produkte und erbringt dabei mehrere tausend Leistungen. Hätten Sie das gedacht? Die Anmeldung, die ein Einwohnermeldeamt vornimmt, ist eine Leistung. Sie wird erbracht für den Bürger und der hätte oder hat einen Preis dafür zu zahlen (und sei es auch nur in Form seiner Steuer). Dieser Vorgang wird damit dem Produktbegriff gerecht, und im Prinzip könnte man jede Leistung, die die Verwaltung, erbringt, als Produkt bezeichnen. Aber wir wollen mit dem Produkt ja den Verwaltungsablauf steuern, wollen ihm Kosten zuordnen, die Organisation danach ausrichten und es zielgerecht anbieten. Es wäre deshalb wenig sinnvoll, alle Leistungen als Produkte zu definieren. Wir hätten eine unüberschaubare Anzahl von Produkten, könnten Kosten und Erlöse nur mit unverhältnismäßig hohem Aufwand zuordnen und unsere Verwaltungsführung und der Rat, aber auch die Bürger würden unsere Produktpalette nicht mehr durchschauen. Vergleichen wir uns deshalb wieder mit dem Jeans-Laden. Dort werden nicht nur Hosen verkauft, der Kunde nimmt unter Umständen auch andere Leistungen in Anspruch. Ich kann in diesen Laden gehen, verschiedene Hosen anprobieren und, wenn mir keine paßt oder gefällt, den Laden wieder verlassen, ohne etwas gekauft zu haben. Dennoch erbringt der Verkäufer eine Leistung, indem er mich berät oder das Warenangebot vorführt. Das Produkt des Ladens bleibt nach wie vor der Verkauf von Hosen. Alle dazugehörenden Leistungen werden dem Produkt zugeordnet. Für seinen nächsten Einkauf wird sich der

Ladeninhaber festhalten, wieviel Hosen in welcher Farbe, Qualität, Preislage oder Größe er verkauft hat, nicht jedoch die Zahl der Beratungen oder Verkaufsgespräche. In der Verwaltung müssen wir ähnlich denken lernen. Daß wir, wenn wir Baugenehmigungen erteilen, auch die Bauherrn beraten, sollte eigentlich ganz selbstverständlich sein. Es ist eine Leistung, die wir dem Produkt Baugenehmigung zuordnen können. In unseren Stellenbeschreibungen sind noch einzelne Tätigkeiten aufgeführt. Wie gesagt sprechen wir von „Antragsaufnahme", „Beratung", „Entscheidung" usw. Damit erschweren wir es den Mitarbeitern ungemein, produkt- oder zielbezogen zu denken. Wir müssen unsere Produkte so definieren, daß wir einerseits dem Bürger unser Angebot überschaubar und serviceorientiert anbieten können, andererseits auch wissen, was unser Produkt kostet und was es einbringt.

Die größte Schwierigkeit ist nicht die Beschreibung der einzelnen Produkte der Verwaltung. Papier ist bekanntlich geduldig, und man hat schnell etwas draufgekritzelt. Wir müssen unser Denken so umstellen, daß wir wieder die Ziele unseres Handelns erkennen. Aber was sich jahrzehntelang in den Köpfen festgesetzt hat, ist so schnell nicht wieder herauszubekommen. Von den Mitarbeitern eines Ordnungsamtes wurden beispielsweise das „Ladenschlußgesetz" und das „Feiertagsgesetz" als Produkte definiert. Im Rahmen dieser Gesetze haben wir als öffentliche Verwaltung die Ladenschlußzeiten zu überwachen und ggf. Verstöße zu ahnden. Das Gesetz dient der Chancengleichheit und dem freien Wettbewerb. Nicht unsere Leistung definieren wir als Produkt, sondern das Gesetz selbst. Es ist zum Selbstzweck geworden. Für Gewerbeangelegenheiten wurden insgesamt zehn Produkte gebildet. Alles wurde bis aufs kleinste aufgelistet und beschrieben. Die Produktdefinitionen sind nichts anderes als Tätigkeitsbeschreibungen. Dies belegt auch ein Beispiel aus der Bibliothek. Dort wurden „Inventarisierung und Codierung neuer Medien", „Signatur neuer Medien“, „Katalogrecherche“ oder „Medienerwerb“ als Produkte genannt. Wo sind hier die Leistungen, die für andere erbracht werden, wo wird hier der Bedarf eines anderen gedeckt, und wo bezahlt er einen Preis dafür? Wiederum nur eine Beschreibung von Tätigkeiten. So denken wir in der Verwaltung und darum ist es so schwierig, den Produktgedanken in die Verwaltung einzuführen.

Der Haushaltsplan einer Kommune besteht bekanntlich aus dem Verwaltungshaushalt und dem Vermögenshaushalt. Im Verwaltungshaushalt werden die laufenden Ausgaben z. B. für das Personal oder die Arbeitsmittel veranschlagt. Der Vermögenshaushalt enthält die Investitionen. Die neue Fahrzeughalle für den Stadtreinigungsbetrieb wird logischerweise im Vermögenshaushalt veranschlagt. Neulich nahm ich an einer Diskussion über neue Steuerungsmodelle für die Kommunalverwaltung teil. Dabei ist die Frage aufgeworfen worden, ob Maßnahmen, die im Vermögenshaushalt veranschlagt werden, ebenfalls als Produkte definiert werden können. Bleiben wir bei unserem Beispiel Fahrzeughalle. Wo ist hier die Leistung, die ein anderer in Anspruch nimmt? Ein Kfz-Betrieb wird seine neugebaute Werkstatt niemals als Produkt ansehen, höchstens als Produktionsstätte. Dies sind Aufwendungen, die ein Unternehmen zu tätigen hat, um seine ureigensten Produkte herstellen zu können. Die Kosten für die Werkstatt werden indirekt über Abschreibungen und Zinsen beim Produktpreis berücksichtigt. Etwas schwieriger stellt sich die Frage beim Bau einer Straße. Kann man sie im betriebswirtschaftlichen Sinn als Produkt betrachten? Noch fehlt uns hier die Phantasie, auch die Straße einem übergeordneten Ziel, z. B. der Verkehrserschließung, unterzuordnen und sie als einzelne Leistung, die der Zielerreichung dient, zu sehen. Einem Verwaltungsmenschen werden sich beim Lesen dieser Zeilen die Haare sträuben, denn er denkt sicherlich an all die Gesetze und Vorschriften, die uns eine andere Betrachtungsweise abverlangen. Der Ausbau der Straße wird schließlich zum großen Teil durch die Anlieger finanziert, und das Kommunalabgabengesetz schreibt uns ganz genau vor, wie wir die Kosten abzurechnen haben.

Auf dem Weg zu einer produktorientierten Verwaltung ist sicher viel Phantasie gefragt. Der Gesetzgeber unterstützt uns nicht gerade dabei. Als Verwaltungsmitarbeiter haben wir gelernt, Gesetze und Vorschriften anzuwenden. Nun ist plötzlich Umdenken gefordert. Auf vielen Veranstaltungen habe ich immer wieder die Erfahrung machen können, daß Verwaltungsmitarbeiter zwar von der Notwendigkeit eines neuen Modells überzeugt sind, aber nicht wissen, wie sie an die Umstrukturierung herangehen sollen. Immer wieder wurde die Forderung laut, man möge doch auf übergeordneter Ebene einen Produktplan erstellen, der für alle Kommunen anwendbar sei. Man brauche das Rad ja nicht neu zu erfinden und könne aus dem Musterkatalog schon die Produkte übernehmen, die man brauche. Vielleicht hinkt der Vergleich etwas, ich bringe ihn trotzdem: Es wäre genauso, als wenn der Verband der Automobilindustrie einen Produktkatalog mit Automobilen herausgeben würde und die einzelnen Autohersteller würden danach ihre Autos produzieren. Dem Argument, die einzelnen Kommunen würden nicht gegeneinander konkurrieren, wage ich zu widersprechen. Vielleicht haben wir es nur noch nicht erkannt.

3 Auf der Suche nach Verantwortung

Stellen Sie sich einen Handwerksbetrieb mit, sagen wir einmal, zehn Mitarbeitern vor. Für die Buchhaltung und die Berechnung und Auszahlung des Lohns kann der Betrieb sich eine Fachkraft nicht leisten. Deshalb übernimmt ein Steuerberatungsbüro diese Aufgaben. Ob vielleicht ein neuer Mitarbeiter eingestellt werden soll, entscheidet der Betriebsinhaber. Er käme auch nie auf die Idee, dem Steuerberatungsbüro die Auswahl des neuen Mitarbeiters zu überlassen. Er allein muß entscheiden, wieviel Beschäftigte der Betrieb haben soll. Er allein trägt die Verantwortung und das Risiko. In der Verwaltung denken wir anders. Ob wir im Sozialamt für eine Aufgabe fünf oder fünfzehn Mitarbeiter benötigen, entscheidet nicht etwa der Sozialamtsleiter, sondern das Hauptamt. Wer als neuer Mitarbeiter für das Haus der Jugend eingestellt wird, entscheidet nicht etwa der Leiter des Jugendamtes, sondern das Personalamt.

In der Verwaltung haben wir bestimmte Funktionen zentralisiert. Beispielsweise nehmen wir die Aufgaben Personalbemessung oder Personalangelegenheiten zentral für alle Bereiche der Verwaltung in sogenannten zentralen Ämtern wahr. Damit haben wir die Fachbereiche (das sind die Ämter, die unmittelbare Aufgaben für die Bürger wahrnehmen) wunderbar von der Verantwortung für den Ressourcenverbrauch entbunden. Die zentralen Aufgaben beziehen sich nicht nur auf den Personaleinsatz, sondern auch auf die Bereitstellung finanzieller Mittel, die Gebäudeunterhaltung, den Einsatz von Arbeitsmitteln usw. Was haben wir in der Verwaltung nicht alles zentralisiert: Personal wird zentral beschafft und verwaltet, die finanziellen Mittel werden zentral zur Verfügung gestellt, die Beschaffung von Büromöbel und -materialien, die Reinigung oder Unterhaltung unserer Gebäude, die Datenverarbeitung, die Kassenbuchhaltung, Rechtsangelegenheiten - alles, was nur irgendwie geht. Wir haben uns dabei von der Überlegung leiten lassen, daß wir für bestimmte Aufgaben gebündelt unseren Fachverstand einsetzen und die Arbeit rationeller gestalten können. Die Idee ist vom Ansatz her richtig, aber zu was hat sie geführt? Wir haben unsere Fachbereiche derart von der Verantwortung für den Mitteleinsatz freigestellt, daß dort völlig der Blick für die Kosten verlorengegangen ist. Nicht das Fachamt, das rationell und bürgerorientiert arbeitet, ist erfolgreich, sondern das Fachamt, das die meisten Mittel verpulvert.

Das Hauptamt einer Verwaltung ist zuständig für die Frage, wieviel Mitarbeiter für die Erledigung bestimmter Aufgaben in einem Fachamt notwendig sind. Dazu macht es, wenn es personell dazu überhaupt in der Lage ist, analytische Personalbemessungen. Es ermittelt bestimmte mittlere Bearbeitungszeiten für bestimmte Tätigkeiten, stellt Bearbeitungshäufigkeiten fest, überprüft die Arbeitsabläufe und rechnet aus, daß ein Sachbearbeiter im Jahr 150 Vorgänge einer bestimmten Art bearbeiten kann. Ein Hauptamt hat eine solche Personalbemessung für das Sozialamt durchgeführt. Das Ergebnis wurde zwischen Hauptamt und Sozialamt besprochen. Man kam überein, auf der Grundlage der Untersuchung die Abläufe zu organisieren und war sich über den Personalbedarf einig. Die Einigkeit dauerte zunächst nur ein halbes Jahr. Dann wurde nachgebessert. Inzwischen war alles schwieriger geworden, die Fallzahlen waren gestiegen. Der Amtsleiter des Sozialamtes forderte mehr Personal und bekam es auch. Wieder war man sich über den Personalbedarf einig. Doch auch diesmal währte die Harmonie nicht lange. Schon wieder war alles schwieriger geworden, es kamen ja plötzlich mehr Asylbewerber, die betreut werden mußten. Es mußte neues Personal her. Das Sozialamt bekam sein Personal, doch auch diesmal war es offenbar unzureichend. An der Personalschraube wird bis heute gedreht. Wenn der Sozialamtsleiter es versteht, seine Arbeit in der Öffentlichkeit, im Rat und in den Ausschüssen so zu verkaufen, daß überall der Eindruck entsteht, die Mitarbeiter dort seien völlig überlastet und einem permanenten Streß ausgesetzt, ist man mit Wirtschaftlichkeitsargumenten völlig chancenlos. Diesem Zustand begegnet man mit dem einfachsten (aber nicht wirksamen) Mittel, nämlich mehr Personal einzusetzen. Der Rechnungsprüfungsausschuß ist ein Gremium, das zusammen mit dem Rechnungsprüfungsamt die wirtschaftliche und korrekte Erledigung der Verwaltungsaufgaben prüfen soll, also normalerweise dazu da, der Verwaltung auf die Finger zu klopfen, wenn sie unwirtschaftlich handelt. Wenn Mitglieder dieses Ausschusses aber in Sozialämtern anderer Verwaltungen tätig sind, wird sogar aus dem Ausschuß heraus mehr Personal für das Sozialamt gefordert. Wenn in einem Sozialamt nur 100 Fälle für einen Sachbearbeiter bei der Personalbemessung zugrunde gelegt werden, kann das für ein anderes Sozialamt nicht falsch sein. Eine Lobby hat sich gebildet, die bestimmte Interessen durchzusetzen versucht. Was der Bürger will, welches die Gesamtinteressen der Verwaltung sind, interessiert nicht mehr.

Es soll hier überhaupt nicht bestritten werden, daß gerade die Mitarbeiter in den Sozialämtern in den letzten Jahren durch gestiegene Fallzahlen und durch eine andere Einstellung des Publikums wachsendem Streß ausgesetzt waren. Aber so ein Sozialamt hat ja nicht nur Hilfe zu Lebensunterhalt zu gewähren, sondern erstellt noch eine Reihe weiterer Produkte. Dort werden auch Rentenversicherungsangelegenheiten bearbeitet, wird Wohngeld berechnet und ausgezahlt, werden Schwerbehindertenangelegenheiten bearbeitet oder Maßnahmen zur Unterhaltssicherung für Bundeswehrangehörige eingeleitet. Ein Amt mit größerem Produktspektrum als nur die Sozialhilfe. Dennoch konzentrieren sich die Personalüberlegungen ausschließlich auf diesen Bereich. Bei grösserem Arbeitsanfall in nur einen Bereich fällt dem Amtsleiter ein, neues Personal zu fordern. Wird ihm das Personal verweigert, kann er die Verantwortung - auch für die fachliche Aufgabenerledigung - wunderbar an das Personalamt abschieben. Wenn die Warteschlange vor den Bürotüren immer größer und die Bearbeitungszeit immer länger werden, verweist er darauf, daß er an diesem Zustand nichts ändern kann. Das Personalamt hat ihm ja kein neues Personal zur Verfügung gestellt. Wenn in einem Kaufhaus vor Weihnachten, beispielsweise in der Fernseh- und Videoabteilung, Hochbetrieb herrscht, wird der Chef dort genügend Verkaufspersonal bereitstellen. Er tut dies, indem er aus anderen Abteilungen, wo der Betrieb vielleicht nicht so groß ist, Personal abzieht. In der Verwaltung sind uns solche Überlegungen fremd. Nicht das Sozialamt wird als Einheit betrachtet, sondern das Sachgebiet. Bei jeder neuen Aufgabe verlangt ein Fachbereich zunächst einmal zusätzliches Personal und zusätzliche Mittel. Ein amtsinterner Personal- oder Mittelausgleich wird erst gar nicht in Erwägung gezogen. Auch andere Maßnahmen sind tabu. Vielleicht müßte der Arbeitsablauf überprüft, vielleicht die Beratung verkürzt oder mehr Technik eingesetzt werden. Aber für den Mittelverbrauch sind ja andere verantwortlich. Bei dieser Art der Organisation wird es immer zum Zielkonflikt kommen zwischen dem, der für die fachliche Erledigung der Aufgabe zuständig ist und dem, der sich um den Mitteleinsatz kümmert. Weil Aufgaben so erfüllt werden, wie es die Mittel, die wir zur Verfügung stellen, zulassen, sprechen wir von inputorientierter Steuerung. Was dabei herauskommen soll (Output), ist nicht so wichtig.

Die Aufgaben, die wir in zentralen Stellen zusammengefaßt haben, sind mittelbare Aufgaben. Sie kommen nicht dem Bürger unmittelbar zugute, sondern wir erfüllen sie, damit wir die unmittelbaren Aufgaben überhaupt erfüllen können. Sozialhilfe können wir nur gewähren, wenn wir Personal haben, das die Anträge aufnimmt, einen Winterstreudienst können wir ebenfalls nur organisieren, wenn wir das erforderliche Personal haben. Dazu brauchen wir noch Geld, um Maschinen und Streugut zu kaufen. Das Personal stellt uns das Personalamt zur Verfügung, das Geld das Kämmereiamt.

Haben wir ein Rechtsproblem, wenden wir uns an das Rechtsamt, Büromaterial bekommen wir vom Hauptamt und wenn wir einem Bürger Geld zu überweisen haben, beauftragen wir die Stadtkasse. Um unser Verwaltungsgebäude kümmert sich das Hochbauamt, und wie wir es reinigen, entscheidet wiederum das Hauptamt. In einer Verwaltung werden zum Beispiel die Telefon- und Portokosten zentral vom Hauptamt bewirtschaftet. Obwohl die Ressourcen dafür im Fachbereich verbraucht werden, ist er nicht verantwortlich. In einem Sammelnachweis werden die Mittel zentral bewirtschaftet. Die Haushaltsvoranschläge für Telefon- und Portokosten werden zu einer Summe für die ganze Verwaltung zusammengefaßt und im Hauptausschuß, anschließend im Finanzausschuß beraten. Gewöhnlich steigen diese Kosten von Jahr zu Jahr. Natürlich gibt es dann in den Ausschüssen kritische Fragen, warum die Ausgaben schon wieder um zehn Prozent steigen sollen. Das Hauptamt, das diese Mittel bewirtschaftet, muß dann eine Verantwortung übernehmen, die ihm gar nicht zusteht. Ob nämlich das Museum Einladungen und Plakate für eine Ausstellung nach New York schickt und damit höhere Portokosten verursacht, darauf hat es keinen Einfluß. Für das Museum ist es einfach, die Einladungen zur zentralen Postausgangsstelle zu geben und versenden zu lassen. Es hat keine Ahnung davon, welche Mittel für den Postversand zur Verfügung stehen. Es nimmt eine Serviceleistung in Anspruch und fühlt sich keineswegs für die entstehenden Kosten verantwortlich.

Die Zusammenfassung von mittelbaren Aufgaben in den zentralen Ämtern führt zu einer Aufblähung der Verwaltung. Sie führt dazu, daß in der Verwaltung hin- und hergeschrieben, Verantwortung abgeschoben und ineffizient gearbeitet wird. Wenn wir uns den Verwaltungsaufbau betrachten, können wir feststellen, daß etwa ein Drittel bis zur Hälfte der Ämter und damit auch des Personals damit beschäftigt ist, mittelbare Aufgaben zu erfüllen. Ein schöner Wasserkopf, den sich ein Privatbetrieb nur schwerlich leisten würde. Für die eigentlichen Aufgaben haben wir dann keine Mittel mehr zur Verfügung. Natürlich ist nicht alles, was die zentralen Ämter tun, sinnlos. Aber es gibt Beispiele, die zum Nachdenken anregen müßten:

Wo mit viel Geld umgegangen wird, benötigt man auch eine Revisionsabteilung (bei uns nennt man das Rechnungsprüfungsamt). Bei allem Respekt für diese Einrichtung verstehe ich aber nicht, warum ein Mitarbeiter dieses Amtes, der rund 100 DM in der Stunde kostet, halbjährlich eine Protokasse prüfen muß, die vielleicht 200 DM in einem halben Jahr umsetzt. Wenn die Portokasse nur um 1 DM nicht stimmt, wird ein riesiger Bericht geschrieben, der auch noch beantwortet werden muß. Der Verwalter der Portokasse gelobt dann Besserung und verspricht, zukünftig beim Vereinnahmen der Briefmarken besser aufzupassen. Eine solche Prüfung schreibt das Gesetz vor. Hinter dieser Vorschrift verschanzen sich die Mitarbeiter des Prüfungsamtes. Es könnte ja sein, daß eine höhere Instanz ebenfalls prüft (z. B. der Landesrechnungshof) und feststellt, daß nicht geprüft worden ist. Verantwortlicher Umgang mit den uns anvertrauten Steuergeldern? Mit unserem Auftrag, Dienstleistungsunternehmen für die Bürger zu sein, hat das jedenfalls nichts mehr zu tun.

Es ist schon viel darüber geredet und geschrieben worden, ob zwischen öffentlichem Dienst und Privatwirtschaft ein großer Einkommensunterschied besteht. Auch bei uns in der öffentlichen Verwaltung haben Führungskräfte (Amtsleiter und Abteilungsleiter) eine besondere Funktion. Ihre Stellen sind deshalb höheren Gehalts- oder Vergütungsgruppen zugeordnet. Die besondere Funktion besteht auch darin, daß sie Verantwortung für den Personal- und Mitteleinsatz übernehmen. Ein Vorgesetzter soll seine Mitarbeiter motivieren, er muß sie auch kontrollieren und ihre Leistung überwachen. In der Praxis haben wir allerdings andere Erfahrungen gemacht. Der Vorgesetzte ist freigestellt von allen „unangenehmen" Führungsaufgaben, die werden ihm von den zentralen Ämtern abgenommen. Erbringt ein Mitarbeiter nicht die von ihm geforderte Leistung, wäre es erste Aufgabe des Vorgesetzten, ein Gespräch mit dem Mitarbeiter zu führen. Auch weitergehende Maßnahmen, wie z. B. eine Abmahnung oder die Vorbereitung der Kündigung wären seine Aufgaben. Nichts von alledem tut der Vorgesetzte. Wenn er viel tut, wendet er sich an das Personalamt und bittet darum, den Mitarbeiter zu versetzen. Der Mitarbeiter bekommt eine ausgezeichnete Beurteilung, die ihn für höherwertige Aufgaben qualifiziert; er wird auf eine andere Stelle weggelobt. Ich kenne Ämter in Verwaltungen, in denen die Amtsleiter sogar die Überwachung der Arbeitszeit dem Personalamt überlassen. Monatlich werden die Zeiterfassungskarten dem Personalamt zugesandt. Dort, und nicht etwa vom Vorgesetzten, wird kontrolliert, ob der Mitarbeiter die Arbeitszeit eingehalten hat. Der Amtsleiter ist an einem guten Betriebsklima in seinem Amt interessiert. Er tut deshalb auch alles, um seine Mitarbeiter zufriedenzustellen. Das erkennt er als seine einzige Führungsaufgabe. So ein Mitarbeiter ist natürlich zufrieden, wenn er von Zeit zu Zeit befördert wird. Der Amtsleiter schreibt deshalb im Abstand von ein paar Jahren an das Personalamt und beantragt die Höhergruppierung, ohne daß sich die Aufgaben wesentlich geändert hätten. Es ist halt alles viel schwieriger geworden. Das Personalamt überprüft anhand der Stellenbeschreibungen (jetzt wissen wir auch, wofür wir die benötigen), ob bestimmte Tätigkeitsmerkmale zutreffen. Weil sich an den Aufgaben ja nichts geändert hat, lehnt es die Beförderung ab. Der Vorgesetzte erklärt seinem Mitarbeiter, wie sehr er sich für ihn eingesetzt habe, die im Personalamt seien jedoch Pfennigfuchser und wüßten seine gute Leistung nicht zu würdigen. Deshalb habe man den Antrag abgelehnt. Im nächsten Jahr werde er es allerdings nochmals versuchen. Der Vorgesetzte ist bei diesem Verfahren in jedem Fall fein raus. Geht der Antrag durch, verkauft er dies dem

Mitarbeiter gegenüber als seinen Erfolg, wird der Antrag abgelehnt, war es das weit entfernte Personalamt, auf dessen Entscheidung er leider keinen Einfluß hat. Wahrnehmung der Verantwortung? Wenn ein Mitarbeiter auf Dienstreise geht oder an einer Fortbildungsmaßnahme teilnimmt, entscheidet darüber das Personalamt. Es verwaltet auch zentral die Mittel, die dafür zur Verfügung stehen. Der Amtsleiter kann sich hinter diesen Entscheidungen verstekken. Klappt etwas nicht in seinem Amt, wird er die Verantwortung an das Personalamt abschieben mit dem Argument, daß man ihm Fortbildungsmaßnahmen verweigert habe.

Die Fachbereiche, die unmittelbare Aufgaben zu erfüllen haben, werden auf diese Art und Weise durch die zentralen Ämter gesteuert. Indirekt nehmen diese Ämter Einfluß auch die Aufgabenerfüllung. Sie entlasten die Fachämter von ihrer Verantwortung. Wie soll die Verwaltungsführung hier noch durchblicken, wie soll der Rat noch etwas entscheiden können?

Nicht nur zwischen Fachbereich und den zentralen Ämtern sind wir auf der Suche nach Verantwortung, auch zwischen den Fachbereichen selbst wird Verantwortung abgeschoben. Wir arbeiten nicht produktorientiert, sondern orientieren uns an unseren Stellenbeschreibungen und an der bestehenden Aufbauorganisation. In diesem Rahmen denken wir. Wir erfüllen halt die Aufgaben, die unser Amt zu erfüllen hat, nicht die, die dem Bürger dienen.

Ein Bürger schreibt an die Verwaltung, weil er auf seinem Grundstück einen Parkplatz anlegen will. Das ist zunächst Sache des Bauaufsichtsamtes. Dort wird der Antrag geprüft. Man stellt fest, daß baurechtlich keine Bedenken bestehen. Der Bürger könnte eigentlich seinen Parkplatz anlegen, doch so einfach ist die Sache nicht. Das Grundstück liegt an einer vielbefahrenen Straße. Deshalb muß geprüft werden, ob gefahrlos zu- und abgefahren werden kann. Dafür ist nicht die Bauaufsicht, sondern das Ordnungsamt zuständig. Dort sieht man grundsätzlich keine Bedenken, muß aber das staatliche Straßenverkehrsamt einschalten, da es sich um eine Bundesstraße handelt. Auf dem Randstreifen der Bundesstraße sind direkt neben der Grundstückszufahrt öffentliche Parkflächen angelegt. Die dort parkenden Autos versperren die Sicht für den Zu- und Abfahrenden des Grundstücks, deshalb haben die Leute des Straßenverkehrsamtes Bedenken gegen die Anlegung der Stellflächen. Das Ganze geht nun ans Ordnungsamt zurück, von dort wiederum zur Bauaufsicht, die den Antrag abschlägig bescheidet. Der Bürger darf auf seinem Grundstück keinen Parkplatz anlegen, weil auf dem Randstreifen der Straße die Bediensteten des benachbarten staatlichen Dienstleistungsunternehmens parken. Verfolgt man die Angelegenheit etwas weiter zurück, stellt man fest, daß das Dienstleistungsunternehmen bei seinem Neubau gegen allen Widerstand auf die Bereitstellung von Bedienstetenparkplätzen verzichtet hat. Wen wundert da die Staatsverdrossenheit unserer Bürger? Für seine Initiative, die ja dazu beitragen soll, parkende Autos von der Straße zu bringen, wird der Bürger auch noch bestraft: Neben der Ablehnung seines Antrages hat er sich eine Menge Ärger eingehandelt und unzählige Wege auf sich genommen. In den Behörden läuft er von Pontius zu Pilatus und findet keinen verantwortlichen Ansprechpartner. Man verschanzt sich hinter Zuständigkeitsverweisen und Paragraphen. Verantwortliches Handeln für den Bürger?

4 Zentral oder dezentral?

In der Privatwirtschaft kennen wir die Stabsstellen, die der Firmenleitung zuarbeiten und ihre Entscheidungen vorbereiten. In der Verwaltung haben die zentralen Ämter eine ähnliche Funktion, gleichzeitig erledigen sie auch bestimmte Serviceaufgaben für andere Verwaltungsbereiche. Sie stehen jedoch nicht ausserhalb der Hierarchie, wie Stabsstellen dies normalerweise tun, sondern sind voll in die Linienorganisation eingebunden. Die Art der Produkte, die sie erstellen, lassen sich in drei großen Gruppen zusammenfassen:

1. Steuerungsaufgaben

   In dieser Rubrik sind die Aufgaben zusammengefaßt, die der Unterstützung des Rates und der Verwaltungsführung dienen. Dabei reicht das Spektrum vom Sitzungsdienst für den Rat und die Beigeordnetenkonferenz über die Koordination von Fachplanungen und die Entwicklung zentraler Leitlinien (Rahmenbedingungen) bis hin zur Bereitstellung informationstechnischer Infrastruktur für die Gesamtverwaltung und die Personalbedarfsplanung. Außerdem gehört die finanzwirtschaftliche Gesamtplanung dazu. Es sind typische Stabsfunktionen.

2. Service- und Beratungsleistungen

   Hier werden von den zentralen Ämtern zahlreiche Leistungen für die Fachbereiche erbracht, z. B. erbringt das Hauptamt zentrale Dienstleistungen wie Vervielfältigungen, Telefondienst, Besucherinformation, Beschaffung oder berät in organisatorischen, personellen oder informationstechnischen Fragen. Rechtsberatung erfolgt durch das Rechtsamt, Zahlungsleistungen durch die Stadtkasse, Gebäudeunterhaltung durch das Hochbauamt.

3. Unmittelbare Aufgaben

Die zentralen Ämter erfüllen auch eine Reihe von unmittelbaren nach außen gerichteten Aufgaben: Das Hauptamt organisiert die Durchführung von Wahlen (es könnte allerdings auch ein besonderes Amt dafür eingerichtet sein) oder die Städtepartnerschaft. Dem Kämmereiamt hat man unter Umständen die Steuerverwaltung zugeordnet (Gewerbesteuer, Grundsteuer usw.), weil das ja mit Geld zu tun hat und die Bauverwaltung fördert den Wohnungsbau.

Organisatorisch haben wir die drei Bereiche nicht etwa auseinandergezogen (oder beispielsweise die unmittelbaren Aufgaben einem Fachbereich übertragen), sondern bei den zentralen Ämtern sind alle drei Aufgabentypen zu finden. Das Hauptamt etwa ist Stabsstelle für die Verwaltungsführung und Beratungsunternehmen für andere Ämter. Gleichzeitig nimmt es noch unmittelbare Aufgaben wahr. Das wäre alles nur halb so schlimm. Aber die Art, wie es Serviceleistungen erbringt, ist es, die uns stört: Wenn Sie sich in einer Druckerei Visitenkarten drucken lassen, entscheiden *Sie* darüber, wie diese aussehen sollen, nicht etwa die Druckerei. In der Verwaltung haben wir eine Hausdruckerei, die für die einzelnen Ämter und Abteilungen Drucksachen herstellt. Doch wie der Vordruck für den Antrag auf Sozialhilfe aussehen soll, entscheidet nicht das Sozialamt, sondern der der Hausdruckerei vorgesetzte Mitarbeiter des Hauptamtes. Er beschränkt seine Tätigkeit nicht auf die Beratung des Kunden, sondern schreibt ihm de facto vor, wie er seine Drucksachen gestalten soll. Begründet wird die Weisungsmöglichkeit damit, daß der Vordrucksachbearbeiter im Hauptamt ja viel mehr von Vordruckgestaltung versteht als das Sozialamt, das mit dem Vordruck arbeiten muß. Wir haben uns auf allen möglichen Gebieten spezialisiert und dabei offenbar den gesunden Menschenverstand verloren. Das Beispiel mit der Druckerei mag unbedeutend sein, es steht jedoch für eine Vielzahl von zentralen Leistungen. Auf diese Art und Weise sind in der Hierarchie weitere Weisungswege entstanden: Die zentralen Ämter wirken durch ihre Leistungen auf die Fachämter und die unmittelbare Aufgabenerfüllung ein. Begünstigt wird das noch durch die Aufgabenverknüpfung bei den zentralen Ämtern. Weil sie Steuerungsaufgaben wahrnehmen, glauben sie berechtigt zu sein, auch entscheiden zu können, wieviel Personal oder Büromaterial der Fachbereich benötigt. Eine Verantwortung, die an und für sich nicht teilbar ist, wird so lange aufgeteilt, bis man nicht mehr weiß, an wen man sich wenden soll.

Was zu tun wäre, kann mit einem Satz beschrieben werden: Die Verantwortung sowohl für die fachliche Ausführung der Aufgabe wie auch für den Ressourcenverbrauch dorthin zu verlegen, wo sie hingehört - an die Front, nämlich ins Fachamt. Aber wir tun uns schwer damit und überall regen sich Widerstände.

Unter dem Stichwort „dezentrale Ressourcenverantwortung" wurden erste Vorschläge gemacht und überall sind bereits Mißverständnisse aufgetreten. Entweder sehen wir tatsächlich nicht, wo die Verantwortung hingehört, oder wir wollen es nicht sehen. Die Leiter der zentralen Ämter befürchten nicht nur Macht- und Prestigeverlust, sondern die gesamte Auflösung ihrer Ämter. Mit dem Stichwort dezentrale Ressourcenverantwortung ist oft die Vorstellung verbunden, die zentralen Ämter würden überflüssig. Nicht selten habe ich in Diskussionen über neue Steuerungsmodelle von Hauptamtsleitern die Aussage gehört: „Wir sägen uns selbst den Ast ab, auf dem wir sitzen." Und auch dort, wo dieser Satz unausgesprochen bleibt, hat er sich im Bewußtsein längst festgesetzt und Widerstand erzeugt. Dieser Einstellung liegt das Mißverständnis zugrunde, daß nicht nur die Ressourcenverantwortung, sondern auch deren Verwaltung übertragen werden soll. So sieht es auch der Fachbereich und baut Widerstände auf. „Wer soll bei uns die zusätzliche Arbeit übernehmen?" fragen die Fachamtsleiter, und „natürlich benötige ich zusätzliches Personal."

Also alles wie gehabt: Neue Aufgaben - neues Personal. Die Befürchtung der zentralen Ämter ist völlig unbegründet. Sie werden nicht wegfallen, sondern ihre Aufgaben und ihr Selbstverständnis muß sich wandeln. Als Stabsstelle hätten sie in etwa folgendes zu leisten:

1. Kommunalverfassungsrechtliche Grundlagen und Sitzungsdienst

   Hierzu gehören alle formellen Aufgaben, die den Rat betreffen, z. B. bestimmte Grundlagen wie Hauptsatzung, Geschäftsordnung, Ausschußbesetzung, aber auch der Sitzungsdienst selbst mit der Vorbereitung der Tagesordnung, den Vorlagen, der Protokollführung, der Behandlung von Anträgen und Anfragen. Es wäre kurz gesagt das Ratsbüro, Verbindungsglied zwischen Rat und Verwaltung. Als solches hätte es dafür zu sorgen, ein effektiveres Ratsinformationssystem einzuführen, also ein System, mit dem der Rat umfassend, aber dennoch mit geringem Aufwand informiert wird.

   Der Rat beschließt auf der Grundlage von Vorlagen, die die Verwaltung erstellt. Ich habe die Erfahrung gemacht, daß einer umfangreichen, weitschweifig gestalteten Vorlage eher zugestimmt wird als einer Vorlage, die kurz und knapp alle notwendigen Informationen enthält. Eine umfangreiche Vorlage wird von den Mitgliedern des Rates erst gar nicht gelesen. Eine knappe Vorlage kann man schon eher überblicken, das eine oder andere Stichwort aufschnappen und kritische Fragen stellen. Das wissen auch die Mitarbeiter der Verwaltung. Die wollen natürlich zeigen, was sie können. In der Verwaltung sind wir alle Schreiber von Beruf und erfüllen unsere Aufgaben um so besser, je mehr Papier wir produzieren. Auf diese Art und Weise haben wir ein System entwickelt, mit dem beide Seiten zufrieden sind: Rat und Verwaltung. Eine Angelegenheit wird nicht nur im Rat entschieden, sondern auch in den Ausschüssen vorberaten. Dies kann im Einzelfall nur ein Ausschuß, es können aber auch mehrere sein. Natürlich erhalten auch die Ausschüsse schriftliche Vorlagen. Verkauft die Stadt ein Grundstück, entscheidet darüber der Stadtrat. Die Sache wird aber im Grundstücksausschuß vorberaten und, weil das Ganze etwas mit Geld zu tun hat, auch im Finanzausschuß. Liegt das Grundstück in einem Gewerbegebiet, sollte auch der Wirtschaftsförderungsausschuß beteiligt werden. Ob das alles Sinn macht, sei dahingestellt. Es ist nun einmal so und schwerlich zu ändern. Die Mitglieder der Ausschüsse sind überwiegend auch Ratsmitglieder. In unserem Beispiel könnte es sein, daß eine oder mehrere Personen in allen Gremien vertreten sind, also im Grundstücksausschuß, im Finanzausschuß, im Wirtschaftsförderungsausschuß und im Stadtrat. In diesem Fall erhält das Mitglied viermal die gleichen Beratungsunterlagen. Die Verwaltung muß auch viermal die gleichen Vorlagen erstellen; dank Einsatz von Computertechnik etwas einfacher als früher. Einige Verwaltungen haben sich etwas anderes einfallen lassen: Sie fertigen eine Vorlage für den gleichen Beratungsgegenstand nur noch einmal und schicken sie allen Rats- oder Ausschußmitgliedern. In der Einladung zu einer Sitzung wird darauf hingewiesen, welche Beratungsgegenstände behandelt werden sollen. Das Mitglied stellt sich dann die Vorlagen für die Sitzung selbst zusammen. Eigentlich ein vernünftiges und rationelles Verfahren. Ich habe jedoch bei einer Stadt erlebt, daß sich die Ratsmitglieder vehement gegen ein solches Verfahren wehrten. Man ist ja schließlich ehrenamtlich tätig. Deshalb kann man sich den „Aufwand", die Vorlagen zu Hause zu sortieren, nicht leisten. Viele kommen mit dem Briefumschlag, in dem die Unterlagen stecken, zur Sitzung. Er ist unversehrt und unberührt. Gelesen wird dann allenfalls in der Sitzung selbst. Die Verwaltung könnte sich die Versendung eigentlich sparen. Wir hätten viel zu tun für einen ordentlichen Sitzungsdienst!

2. Verwaltungssteuerung und Controlling

Wer die Einführung eines neuen Steuerungsmodells als einmalige Innovation ansieht und danach die Hände in den Schoß legt, ist zum Scheitern verurteilt. Dann hat er sich in der Tat den Ast abgesägt, auf dem er sitzt. Wir müssen lernen, ständig mit Veränderungen zu leben, Abläufe veränderten Bedingungen anzupassen und zu verbessern. Kaizen sagen die Japaner. Doch davon soll hier nicht die Rede sein. Wenn es richtig ist, daß wir den Fachbereichen stärker Verantwortung übertragen, müssen wir einerseits einen Rahmen schaffen, in dem diese sich bewegen können, andererseits eine Klammer bilden, die die Verwaltung zusammenhält. Steuern durch Zielvorgabe ist gefragt, nicht Einmischung in Einzelentscheidungen. Auch hier hätten wir als zentrales Amt viel zu tun. Neben den schon genannten Leistungen könnten wir doch neue Steuerungsmodelle entwikkeln und einführen, ihre Instrumente ständig verbessern oder aber auch die Leistungen der Fachämter im Rahmen eines Controllings analysieren und überwachen. Bisher haben wir wenig davon getan, und so sehen unsere Verwaltungen auch aus. Statt dessen haben wir uns lieber darum gekümmert, wer als saisonale Kassenkraft im Schwimmbad eingestellt wird. Ich habe den Eindruck, daß in unseren Verwaltungen zu wenig entschieden wird, dafür aber umso mehr Informationen gesammelt, aufbereitet und gestreut werden. Wer eine Fotokopie von einem Vorgang macht und sie einem anderen übersendet, hat damit die Angelegenheit noch nicht bearbeitet und auch die Verantwortung nicht abgegeben. Manchmal habe ich den Eindruck, daß Mitarbeiter aber genau so denken. Wer einmal Beigeordneten-, Dezernenten- oder Amtsleiterkonferenzen beigewohnt hat, wird verstehen, was ich meine. Ganz abgesehen davon, daß dort Dinge behandelt werden, die ein Amts- oder Abteilungsleiter entscheiden könnte, werden Angelegenheiten drei-, vier-, fünf- oder sechsmal beraten, ohne daß man entscheiden will. Oft gehen die Angelegenheiten an die Verwaltung zurück, man will weitere Aufklärung, andere Informationen usw. Das Räderwerk der Verwaltung setzt sich erneut in Gang. Der Dezernent beauftragt seinen Amtsleiter, dieser wiederum seinen Sachbearbeiter und dieser vielleicht einen weiteren Mitarbeiter, neue Informationen zu beschaffen. Weil der Sachbearbeiter nicht so richtig weiß, was er tun soll, ruft er den Schriftführer der Dezernentenkonferenz an und fragt, was überhaupt beschlossen worden sei. Das Museum will Mitglied im Museumsverband werden. Der Jahresbeitrag beträgt 100 DM. Weil die Zahl der Mitgliedschaften in früheren Jahren einmal ausgeufert ist, hat man beschlossen, daß grundsätzlich der Hauptausschuß darüber beschließt. Vorher muß die Angelegenheit allerdings in der Dezernentenkonferenz beraten werden. Dort wird allerdings nicht schon bei der ersten Beratung ein Votum pro oder contra abgegeben. Zunächst will man wissen, was die Mitgliedschaft dem Museum bringt. Und weil es die Entscheidungsfindung unheimlich erleichtert, ist es sinnvoll zu erfahren, wie andere

Museen sich verhalten. Also wird ein Mitarbeiter der Verwaltung, natürlich unter Einhaltung des Dienstweges, beauftragt, eine Umfrage bei anderen Verwaltungen durchzuführen. Mit den Kosten, die mittlerweile entstanden sind, könnten wir fünf Jahre lang die Mitgliedschaft unseres Museums finanzieren. Entschieden wird kaum etwas. Von der untersten bis zur Führungsebene werden Informationen gesammelt und hin- und hergewendet. Wir sollten lieber Informationen sammeln, die wir für die Steuerung unserer Verwaltung benötigen. Was haben wir als zentrale Ämter noch für schöne Aufgaben vor uns!

3. Informationstechnische Infrastruktur

Datenverarbeitung haben wir immer den Datenverarbeitern überlassen. Daß Datenverarbeitung auch ein Führungsinstrument sein kann, haben wir noch nicht entdeckt. Es gehört deshalb sicherlich zu den Steuerungsaufgaben, uns in Zukunft um die Bereitstellung zentraler Verfahren (wie z. B. das Finanzinformationssystem) zu kümmern.

4. Personalbedarfsplanung

Die Leute, die wir heute einstellen und ausbilden, sind in 20 Jahren vielleicht unsere Führungskräfte. Wenig Wert haben wir in der Vergangenheit auf die Heranbildung von Führungskräften gelegt. Entsprechend wird in unseren Verwaltungen geführt. Anstatt uns darauf zu konzentrieren, Nachwuchskräfte so zu schulen, daß sie veränderten Bedingungen gewachsen sind, haben wir darauf geachtet, daß der Neffe des Vorsitzenden der Ratsfraktion X ebenfalls unter unseren Auszubildenden ist.

Wer sagt denn, daß wir die zentralen Dienstleistungen, die wir in der Vergangenheit angeboten haben, in Zukunft nicht mehr anbieten sollen? Teilweise haben wir das ja ganz gut gemacht, nur einmischen sollten wir uns nicht mehr. Wir sollten unsere Aufträge ausführen und sehen, daß wir die Kosten, die wir verursachen, wieder einspielen. Die Entscheidungen sollten wir dem Fachbereich überlassen. Kein Mensch kommt auf die Idee, die Abrechnung und Auszahlung von Lohn, Gehalt und Vergütung zu dezentralisieren, auch in größeren Verwaltungen nicht. Wenn wir ein gutes EDV-Verfahren dafür haben, können wir es doch den anderen anbieten und für sie die Gehälter abrechnen. Bezahlen sollen sie die Leistung freilich. Wenn wir EDV-Experten in unserem zentralen Amt haben, können auch die Fachämter davon profitieren. Aber die Entscheidung, ob überhaupt ein Computer eingesetzt wird, überlassen wir doch lieber dem Fachamt.

In der Vergangenheit haben wir für die Fachbereiche bestimmte Leistungen erbracht. Die Entscheidungen haben wir gleich mitgeliefert. Wir haben Organisationsuntersuchungen durchgeführt und Organisationsentwicklung betrieben. Organisation ist aber primär Angelegenheit der Fachämter. Wie ein Amtsleiter des Ordnungsamtes sein Amt organisiert, welche Aufgaben er welchem Mitarbeiter überträgt oder welche Produkte es erstellt, ist zunächst ausschließlich seine Sache. Wenn er Beratung braucht oder in Anspruch nehmen will, bitte schön, wir stehen ihm zur Verfügung. Allerdings muß er wissen, daß er diese Leistung nicht umsonst haben kann. Wir werden zu einem Beratungsunternehmen für die Ämter der Verwaltung, das folgende Leistungen anbietet:

- Organisationsberatung, Organisationsentwicklung
- Personalberatung, -vermittlung und -beschaffung
- EDV-Beratung
- zentrale Dienstleistungen.

Unser Unternehmen muß sich natürlich auch Marktbedingungen stellen, d. h. wir müssen Leistung in einer angemessenen Qualität anbieten und dürfen nicht teurer sein als unsere privatwirtschaftliche Konkurrenz. Schaffen wir das nicht, müssen wir auch bereit sein, Leistungen einzustellen. In unserem Unternehmen müssen wir dann auch mit betriebswirtschaftlichen Instrumenten arbeiten. Die Einführung der Kostenrechnung sollte ganz selbstverständlich sein. Als gute Kaufleute (oder doch Verwalter?) bieten wir unsere Leistungen auch auf dem Markt (d. h. der Verwaltung) an und lassen uns an der Qualität unserer Arbeit messen. In der Vergangenheit haben wir bestimmte Funktionen zentralisiert, weil wir geglaubt haben, sie dann rationeller erfüllen zu können. Wir haben eine zentrale Postausgangsstelle geschaffen und die Post der gesamten Verwaltung dort abgefertigt. Wir haben zentrale Schreibbüros eingerichtet, weil dort das Schreiben rationeller gestaltet werden konnte. Das mag vor zwanzig Jahren richtig gewesen sein. Ob es heute noch richtig ist, muß bezweifelt werden. Der Einsatz von Computertechnik an jedem Arbeitsplatz in unserer Verwaltung hat dazu geführt, daß die Sachbearbeiter ihre Briefe selbst schreiben. Und mit dieser Technik können sie die Briefe auch als Fax selbst versenden. Trotzdem halten wir noch zentrale Leistungen vor, die nicht mehr nachgefragt werden. Unsere zentralen Schreibbüros haben keine Aufträge mehr und wenn wir Kosten und Erlöse kalkulieren, sehen wir das Defizit, das sie verursachen. Es ist allerhöchste Zeit, daß wir kritisch überprüfen, was wir dort tun und unser Angebot nach der Nachfrage gestalten. Auch als Anbieter zentraler Dienstleistungen und Beratungsleistungen haben wir viel zu tun. Mit der Übertragung von Verantwortung auf die Fachbereiche rationalisieren wir uns nicht selbst weg. Ob solche Leistungen allerdings auch von denjenigen angeboten werden müssen, die gleichzeitig die Steuerungsfunktionen wahrnehmen, ist fraglich. Zu den Controllingaufgaben gehört auch die Entscheidung, einen Betriebsbereich einer kritischen Prüfung zu unterziehen. In diesem Fall würden wir uns selbst den Auftrag dazu erteilen. Können wir unsere Controllings- oder Steuerungsfunktion dann noch objektiv wahrnehmen? Die Beratungs- oder Serviceleistungen müssen also nicht unbedingt vom Hauptamt angeboten werden. Ein solches Beratungsunternehmen mit diesem Leistungsspektrum könnte irgendwo in der Hierarchie der Verwaltung angesiedelt sein. Da es nach betriebswirtschaftlichen Gesichtspunkten funktioniert, weist es seine Existenzberechtigung allein dadurch nach, daß es kostendekkend arbeitet und seine Aufträge nach freier Entscheidung durch die Fachämter erhält.

Kommen wir noch einmal zurück zu den Fachämtern. Ein Amtsleiter wird, wie wir gesehen haben, auch dafür bezahlt, daß er gewisse Funktionen ausübt. Daß er dies heute nicht tut, daran sind auch die zentralen Ämter schuld, die ihm in der Vergangenheit zahlreiche Entscheidungen abgenommen haben. Das Fachamt muß nicht nur für die Erledigung seiner Fachaufgabe die Verantwortung tragen, sondern auch für den Mittelverbrauch. Also hat das Fachamt die Verantwortung wahrzunehmen für

- Organisation und Personaleinsatz
- Informationsversorgung und Automatisierung
- Haushalts- und Ressourcenplanung
- Mittelbewirtschaftung
- Vor- und Nachkalkulation von Leistungen
- Kosten- und Leistungsrechnung
- Betriebswirtschaftliche Abweichungsanalyse
- Berichterstattung.

Je nach Größe einer Verwaltung oder eines Fachamtes wird es diese Aufgaben selbst wahrnehmen oder einem zentralen Amt übertragen. Aber von der Verantwortung dafür können wir es nicht entbinden. Natürlich wird sich nicht jedes Amt einen Computerspezialisten leisten können. Aber die Frage, an welchen Fortbildungsveranstaltungen die Mitarbeiter seines Amtes teilnehmen sollen und was das Ganze kosten darf, muß ein Amtsleiter schon selbst beantworten können. Ganzheitliche Verantwortung des Amtes. Das Amt muß sich dann nicht nur daran messen lassen, ob es seine Fachaufgaben erfüllt hat, sondern auch an der Frage, in welcher Qualität und zu welchen Kosten. Natürlich wird nicht jedes Amt kostendeckend arbeiten können, weil es gar nicht die Möglichkeit hat, seine Leistungen zu verkaufen. Ob der Zuschuß, den wir aus Steuergeldern drauflegen, allerdings hoch oder niedrig ist, ist ja auch nicht uninteressant. Und die Politik entscheidet, was bestimmte Leistungen kosten dürfen. Der Amts- oder Betriebsleiter ist für den Fachbereich verantwortlich. Folglich hat er auch die hier aufgezählten Aufgaben wahrzunehmen. Ob er sich dabei weiterer Mitarbeiter bedient oder bestimmte Aufträge an Servicestellen oder gar nach außen vergibt, muß er allein entscheiden - ganz so wie der Inhaber eines kleinen Betriebes.

Verantwortung dezentralisieren heißt aber auch, Verantwortung nach unten zu verlagern, also auf die Mitarbeiter. Der Mitarbeiter, der nur teilweise an dem Produkt Personalausweis beteiligt ist, wird nie die Verantwortung für das Produkt übernehmen und schon gar nicht wird ihn interessieren, was das Produkt kostet. Der Standesbeamte, der nur Aufgebote aufnehmen, aber nie eine Trauung vollziehen darf, wird sich wenig für die Leistung Eheschließungen interessieren. Also weg von der Arbeitsteilung, hin zur ganzheitlichen Sachbearbeitung. Das ist leichter gesagt als getan. In einem Einzelhandelsunternehmen ist der Mitarbeiter vielleicht am Umsatz beteiligt. Er hat dann ein ganz natürliches Interesse am Verkauf der Produkte. In der Verwaltung gehen die Überlegungen in eine ähnliche Richtung: Leistungszulagen heißt das Stichwort. Noch stehen allerdings unsere Rechtsvorschriften (Beamten- und Tarifrecht) dagegen. Und ob das allein genügt, ist ebenfalls fraglich. Ich habe bei der Einführung neuer Steuerungsmodelle erlebt, daß wir zwar wunderschöne Produktbeschreibungen und auch die dezentrale Ressourcenverantwortung eingeführt hatten, die Mitarbeiter das alles nur wiederum als ein neues Regelwerk angesehen haben. Was so lange in den Köpfen drin ist, läßt sich eben nicht von heute auf morgen ändern. Wer über Jahre hinaus gewöhnt ist, nur Einzelanweisungen auszuführen, wird nicht schon morgen nach Zielvorgaben arbeiten können.

5 Zahlenfriedhöfe

Haben Sie schon einmal in einen Haushaltsplan einer Kommune geschaut? Und haben Sie verstanden, was dort alles aufgeführt ist? Ein Haushaltsplan ist ein bis zu mehreren tausend Seiten umfassendes Werk, das alle Einnahmen und Ausgaben einer Kommune im Jahr auflistet. Viel interessanter als der Haushaltsplan selbst, man kann ihn ja doch nicht lesen, ist das Verfahren, wie er zustande kommt: Bereits im Sommer melden die Fachämter ihren Mittelbedarf für das kommende Jahr. Sie stellen für ihren Bereich zusammen, welche Einnahmen und Ausgaben sie für das kommende Jahr erwarten. Dabei orientieren sie sich an den Ergebnissen des Vorjahres. Mit ihren Vorschlägen gehen sie in den Fachausschuß. Dort werden die Haushaltsvoranschläge beraten und abgesegnet. Die Mittelanmeldungen gehen anschließend zum Kämmereiamt, das dafür zuständig ist, einen Gesamthaushaltsplan zu erstellen. Es legt einen Haushaltsplanentwurf für das kommende Jahr vor, der zunächst von der Verwaltungsspitze und danach vom Finanzausschuß beraten wird. Schließlich verabschiedet der Stadtrat den Haushaltsplan und er wird der Aufsichtsbehörde zur Genehmigung vorgelegt. Soweit das formelle Verfahren bei der Haushaltsplanaufstellung. Was passiert so alles während den Haushaltsplanberatungen?

Jedem Fachamt steht ein politisch fungierender Beigeordneter vor. Der sieht nicht nur die Gesamtinteressen der Stadt, sondern auch die seiner „Klientel", also der Bürger, von denen er für sich oder seine Partei Wählerstimmen erwartet. Der Beigeordnete für die Sportangelegenheiten wird also alles daransetzen, die Bedürfnisse der Sportler in seiner Stadt zu befriedigen. Er erteilt seinem Sportamt den Auftrag, die Mittel für einen neuen Sportplatz einzuplanen und auch die Förderung der Sportvereine nicht zu vergessen. In diesem Augenblick hat der Verteilungskampf um die städtischen Mittel begonnen. Das Sportamt läßt sich von der Bauverwaltung einen Kostenvoranschlag für den neuen Sportplatz erstellen und überlegt anhand der Zahlen des Vorjahres, welche Fördermittel für Vereine bereitzustellen sind. Es ist ausschließlich für diese Zahlen verantwortlich. Für die Einplanung von Personalkosten, beispielsweise für einen Platzwart, für die Mitarbeiter des Sportamtes oder auch für Kosten des Bürobedarfs in diesem Amt ist es nicht verantwortlich. Dies erfolgt von anderer Stelle. Das Personalamt hat schließlich die Personalkosten und das Hauptamt die Mittel für Bürobedarf zu veranschlagen. Auch für die Planungskosten, die in der Bauverwaltung entstehen, ist das Sportamt nicht verantwortlich. Seine Haushaltsvoranschläge legt das Sportamt nun dem zuständigen Ausschuß, also dem Sportausschuß vor. Bei der Bildung des Sportausschusses hat man natürlich darauf geachtet, daß dort Fachleute sitzen. Weil sie ja irgendwo Mitglied eines Sportvereins sind, verstehen sie etwas vom Sport. Was glauben Sie, wie der Sportausschuß über die vorgelegten Haushaltsansätze entscheiden wird? Natürlich wird der Sportausschuß, das, was ihm vorgelegt wurde, gutheißen. Die Sportförderung ist eine öffentliche Aufgabe, und wir müssen einiges für die Körperertüchtigung unserer Mitbürger tun. Ob es die finanzielle Situation der Stadt überhaupt erlaubt, Mittel in dieser Höhe in den Haushaltsplan einzustellen, danach fragt der Sportausschuß nicht. Kann er auch nicht, denn er hat über die möglichen Ressourcen keinerlei Überblick. Er entscheidet nur für einen geringen Teilbereich. Zur Zeit seiner Beratung interessieren ihn die Gesamtzusammenhänge nicht. Nicht anders geht es in den anderen Fachausschüssen zu. Der Jugendhilfeausschuß entscheidet über die Haushaltsvoranschläge für ein neues Jugendzentrum und der Kulturausschuß darüber, wie viele neue Medien für die Bücherei angeschafft werden sollen.

Wenn alle Ausschüsse über die Voranschläge ihres Fachbereichs beraten haben, werden die Mittelanmeldungen dem Kämmereiamt zugeleitet. Wie gesagt, bestimmte Mittel werden zentral verwaltet und deshalb berät der Personalausschuß über die zukünftigen Personalausgaben und der Hauptausschuß über die Ausgaben für Porto- und Telefonkosten der Gesamtverwaltung. Das Kämmereiamt versucht nun, aufgrund der Mittelanmeldungen einen ersten Haushaltsplanentwurf aufzustellen. Das Ergebnis können Sie sich sicher vorstellen: Der Haushaltsplanentwurf ist in Einnahme und Ausgabe alles andere als ausgeglichen. Er weist einen Fehlbetrag in Millionenhöhe aus. Das Gesetz schreibt uns aber vor, einen ausgeglichenen Haushalt vorzulegen und darüber hinaus noch eine „freie Finanzspitze" zur Finanzierung unserer Investitionen zu erwirtschaften. Das Kämmereiamt übernimmt nun eine Aufgabe, die eigentlich der Politik zustände. Es versucht nach eigenem Gutdünken, Haushaltspositionen zu streichen oder zu kürzen. Auf diese Art und Weise übernimmt die Verwaltung teilweise die politische Programmfunktion, die eigentlich dem Rat bei der Verabschiedung des Haushaltsplanes zukäme.

Zwischen dem Kämmereiamt und den Fachämtern beginnt nun die Auseinandersetzung um einzelne Haushaltsvoranschläge. Daß sie Federn lassen müssen, wissen die Fachämter. Sie haben deshalb ihre Ansätze von vornherein so geplant, daß genügend Spielraum bleibt. Derjenige, der seine Ansätze wirklichkeitsnah geplant hat, ist der Trottel. Es ist für einen Amtsleiter unangenehm, im Laufe eines Jahres überplanmäßig Mittel zu beantragen, wenn er mit den vorhandenen nicht auskommt. Er wird deshalb seine Mittelplanung so gestalten, daß ihm genügend Freiraum bleibt. Trotz aller Streichungen wird das Kämmereiamt den Haushalt nicht ausgleichen können. Es legt nun seinen Haushaltsplanentwurf der Beigeordnetenkonferenz vor, die die Aufgabe hat, dem Finanzausschuß einen ausgeglichenen Haushaltsplanentwurf vorzulegen. Wenn dort Beigeordnete verschiedener Parteien vertreten sind, wird der Verteilungskampf ganz spannend. Mit Verweisen auf die verschiedenen Ausschußbeschlüsse versucht man, seine Interessen durchzusetzen. Weil man sich nicht einigen kann, übernimmt dann der Kämmerer die Aufgabe, den Haushaltsplan noch einmal nach überflüssigen Ausgaben zu durchforsten. Schließlich kann dem Finanzausschuß ein Haushaltsplanentwurf vorgelegt werden, der nur noch einen geringen Fehlbetrag ausweist. Der Finanzausschuß macht sich nun seinerseits an die Arbeit und pfeift die Verwaltung dort zurück, wo sie unnötige Ausgaben eingeplant hat.

Was wird eigentlich in einer solchen Sitzung eines Finanzausschuusses beraten? Im Unterabschnitt „Allgemeine Verwaltung“ beispielsweise sind rund 2 Millionen DM an Ausgaben und rund 680 000 DM an Einnahmen veranschlagt, mithin ein Defizit von rund 1,3 Millionen DM, das durch Steuermittel zu decken ist. Von den 2 Millionen DM Ausgaben sind allein 1,4 Millionen DM an Personalkosten veranschlagt. Was die Verwaltung mit dem Geld tut, steht im Haushaltsplan nicht. Aber auch der Finanzausschuß fragt nicht danach. Im gleichen Unterabschnitt ist eine Haushaltsstelle, die 3 000 DM an Ausgaben für bestimmte Ehrengaben vorsieht. Damit werden zum Beispiel kleinere Präsente gekauft, die die Stadt schon mal am Geburtstag eines Bürgers überreichen muß. Was diskutiert der Finanzausschuß? Nicht etwa die 1,4 Millionen DM Personalkosten und die Frage, welche Leistungen durch das Personal erbracht werden. Weit gefehlt. Die Personalkosten sind ja eine feste Größe, an der man nichts verändern kann. Und wenn man darüber diskutiert, dann nicht leistungsbezogen, sondern pauschal. Der Finanzausschuß diskutiert eine halbe Stunde lang darüber, ob die 3 000 DM nicht auf 2 500 DM zu kürzen sind. Jeder kann mitreden und Vorschläge machen. Und jeder weiß, wo das Blumenpräsent für den 90jährigen Mitbürger preiswerter zu bekommen ist. Auf diese Art und Weise gleicht der Finanzausschuß dann den Haushaltsplan aus. Ich habe einer Finanzausschußsitzung beigewohnt, in der der Vorsitzende einer großen Ratsfraktion bei jeder Haushaltsstelle, die aufgerufen wurde, nach dem Vorjahresergebnis fragte. Lag der Vorjahresansatz unter dem Voranschlag für das kommende Jahr, wurde beantragt, den Ansatz zu kürzen. Die Frage, welche Leistungen mit dem Geld erbracht werden sollen, wurde nicht gestellt. Es ist daher nur allzu verständlich, wenn in jedem Jahr in unseren Verwaltungen das „Dezember-Fieber" ausbricht. Weil noch Geld auf einer Haushaltsstelle vorhanden ist, muß es verausgabt werden. Gekauft wird auf Teufel komm raus, ob ein Bedarf besteht oder nicht. Man kann sich ja schon mal einhundert Diktiergeräte auf Halde legen. Tut man es nicht, läuft man Gefahr, im nächsten Jahr die Mittel gekürzt zu bekommen. Es ist also derjenige erfolgreich, der seine Mittel verausgabt, nicht derjenige, der sich um Einsparungen bemüht.

Weil man den Haushaltsplan immer noch nicht ausgleichen konnte, kam ein Ratsmitglied auf die Idee, die Personalausgaben um eine Million zu kürzen. Der Antrag wurde mit großer Mehrheit angenommen. Welches Personal eingespart werden sollte, verriet das Ratsmitglied nicht. Er unterstellte einfach, die Verwaltung habe noch soviel Rationalisierungsreserven, da komme es ja auf ein paar Mitarbeiter mehr oder weniger nicht an. Aufgabe der Politik? Die Politik hat sich um die Entscheidung, in welchen Bereichen gespart werden soll, herumgedrückt. Denn mit einer Personalreduzierung ist ja konsequenterweise eine Leistungseinschränkung verbunden. Ob wir im kulturellen Bereich oder im sozialen Bereich unseren Bürgern weniger anbieten sollen, hat die Politik nicht gesagt.

Wieder wurden die Standards von der Verwaltung gesetzt, die Politik kümmert sich lieber um Kleinigkeiten. Wenn auf diese Art und Weise der Haushaltsplanentwurf den Finanzausschuß durchlaufen hat, wird er vom Rat verabschiedet. Dort wird dann in Haushaltsreden ausgeführt, welche politischen Akzente man in diesem Jahr gesetzt hat und wie wir alle sparen müssen.

Was können wir aus einem Haushaltsplan herauslesen? Nicht viel, glaube ich. Unsere Haushaltspläne sind Zahlenfriedhöfe. An vielen Stellen steht, wieviel Geld wir für etwas ausgeben dürfen, aber welche Leistungen wir erbringen sollen, steht nirgendwo. Inputorientierte Steuerung. Nur wenige in der Verwaltung, nicht der Rat und schon gar nicht unsere Bürger verstehen das Zahlenwerk. Es gibt immer wieder Versuche von Städten und Gemeinden, den Bürgern den Haushaltsplan näherzubringen. Dazu werden schöne Broschüren hergestellt, in denen die Frage „Was machen wir mit Ihrem Geld?" beantwortet werden soll. In einer solchen Broschüre, die mir neulich in die Hände fiel, wurden die Ausgaben wie folgt aufgeschlüsselt:

- Personalausgaben	x Millionen DM
- Kosten für die soziale Sicherung	x Millionen DM
- Schuldendienst	x Millionen DM
- Kreisumlage	x Millionen DM
- Gewerbesteuerumlage	x Millionen DM
- Straßenunterhaltung	x Millionen DM
- Entwässerung von Straßen	x Millionen DM
- Straßenbeleuchtung	x Millionen DM
- Feuerwehr	x Millionen DM.

Wissen wir jetzt mehr?

In einem Handbuch für Kommunalpolitiker ist zu lesen, welche Funktionen dem Haushaltsplan zugeschrieben werden.

1. Finanzwirtschaftliche Ordnungsfunktion

   Der Haushaltsplan schaffe einen Ausgleich von Bedarf und Ressourcen.

2. Politische Programmfunktion

Der Haushaltsplan setze Prioritäten bei der Aufgabenerfüllung.

3. Kontrollfunktion

Der Haushaltsplan sei ein Handlungsrahmen für die Verwaltung und Grundlage der Rechungsprüfung.

4. Gesamtwirtschaftliche Funktion

Der Haushaltsplan diene der konjunkturpolitischen Lenkung. Darüber hinaus bestehe eine Transparenz und Vergleichbarkeit der öffentlichen Haushalte.

Der Autor möge mir nachsehen, wenn wir uns damit kritisch auseinandersetzen:

Der Haushaltsplan habe eine finanzwirtschaftliche Ordnungsfunktion und schaffe einen Ausgleich von Bedarf und Ressourcen. Welcher Bedarf ist überhaupt gemeint und wie soll er gedeckt werden? Im Haushaltsplan finden wir jedenfalls nichts über den Bedarf, den die Bürger haben. Wir finden auch nichts ausgesagt über die Qualität der Leistungen, die wir für den Bürger erbringen. Der Rat stellt uns Mittel zur Verfügung und läßt uns damit allein. Ob wir mit den Mitteln sparsam umgehen, ob wir unseren Leistungsauftrag erfüllen, interessiert allenfalls den Bund der Steuerzahler. Wie stellen wir den Ausgleich zwischen Bedarf und Ressourcen überhaupt her? Wenn wir keine Ausgaben mehr kürzen können, bleibt uns immer noch die Steuer- oder Gebührenerhöhung. Längst haben wir große Bereiche des kommunalen Leistungsspektrums aus dem Haushaltsplan ausgelagert. Die Privatisierungsforderungen sind ja nicht neu, und wir sind ihnen in der Vergangenheit schon insoweit gefolgt, als daß wir für bestimmte kommunale Dienstleistungen Eigenbetriebe, Gesellschaften oder andere Institutionen gegründet haben. Unsere Stadtwerke verkaufen Strom, Gas und Wasser oder sind für den öffentlichen Personennahverkehr zuständig, unsere Wohnungsbaugesellschaft verwaltet die Wohnungen, und um die Abwässer kümmert sich ein Eigenbetrieb. Die Kosten und die Erlöse für diese Leistungen stehen schon längst nicht mehr im Haushaltsplan. Sie sind allenfalls in den beigefügten Wirtschaftsplänen nachzulesen. Die Kommunalpolitik hat damit nur noch bedingten Einfluß auf die kommunalen Leistungen. Ob das Wasser für unsere Bürger pro Kubikmeter 3 DM oder 5 DM kostet, entscheidet nicht mehr der Rat, sondern der Geschäftsführer oder Aufsichtsrat einer GmbH. Was steuert die Kommunalpolitik noch? Wenn man das ganze Ausgabenvolumen einer Stadt zusammenrechnet, stellt man fest, daß der kommunale Haushalt davon höchstens noch die Hälfte ausweist. Die andere Hälfte ist in den Wirtschaftsplänen unserer Gesellschaften und Eigenbetriebe zu finden und damit auch der demokratischen Kontrolle entzogen. So wie der Bund über die Bundesdruckerei die Rechtsform einer GmbH gestülpt hat, haben die Kommunen für einige Dienstleistungen auch andere Rechtsformen gefunden und glauben, sie würden mit größerer Effizienz betrieben. Aber wir vergessen, daß es sich um Betriebe mit Monopolstellung handelt, die keiner Konkurrenz unterworfen sind. Die Abwasserbeseitigung müssen wir nach den gesetzlichen Vorschriften in der Form eines Eigenbetriebes führen, also de facto aus der Verwaltung auslagern. So ein Eigenbetrieb ist verpflichtet, einen Wirtschaftsplan aufzustellen und die kaufmännische Buchführung einzuführen. Das war's dann aber auch schon. Vielleicht ist die technische Leitung des Betriebes beim Tiefbauamt, die kaufmännische Leitung beim Kämmereiamt angesiedelt. Wer eigentlich verantwortlich für die wirtschaftliche Leistungserbringung ist, weiß niemand. Die Bauverwaltung interessiert sich dafür, daß der Betrieb im technischen Sinn richtig läuft, das Kämmereiamt ist nur in formaler Hinsicht für die Buchhaltung verantwortlich. Die Techniker planen ihre Bauwerke, woher das Geld dafür kommt, ist uninteressant. Auch die Frage, ob die Abwassergebühr 2 DM oder 4 DM pro Kubikmeter beträgt, berührt den Ingenieur im Tiefbauamt wenig. Das Kämmereiamt nimmt die Planungen der Techniker als betriebsbedingt notwendig hin und verbucht die Kosten. Daraus werden dann Gebührenbedarfsberechnungen erstellt. Der Stadtrat beschließt die Gebühr ohne weitere Nachfrage. Nur wo keine Gesamtverantwortung für ein Produkt ist, kann so etwas passieren. Ich habe verschiedentlich Leute aus der Bauverwaltung auf das Kostenproblem angesprochen und die Antwort erhalten: „Das Kämmereiamt wird das Geld schon zur Verfügung stellen." Verantwortungsbewußtes Handeln dem Bürger gegenüber und Drehen an der Steuer- und Gebührenschraube? In anderen Bereichen sind wir noch nicht soweit. Müllabfuhr, Straßenreinigung oder andere Leistungen stehen nach wie vor als sogenannte Gebührenhaushalte im Haushaltsplan drin. Weil diese Gebührenhaushalte ausgeglichen sein müssen, paßt man die Gebühren den Kosten an. Der Markt gibt es ja her. Alle Kosten, die sich nur irgendwie einem solchen Gebührenhaushalt zuordnen lassen, werden dort verbucht. Das entlastet unseren allgemeinen Haushalt, denn die Kosten holen wir über die Gebühren wieder rein. Der Gesetzgeber hat uns vorgeschrieben, für solche Einrichtungen eine Kostenrechnung aufzustellen. Wie wir eine solche kostenrechnende Einrichtung nach betriebswirtschaftlichen Gesichtspunkten führen, hat er uns nicht verraten. Jahrelang haben wir die Kostenrechnung als Instrument nur dazu benutzt, unsere Gebühren zu kalkulieren. Als Steuerungsinstrument für den Betrieb haben wir sie nie angesehen. Klagen die Bürger zu Recht über hohe kommunale Benutzungsgebühren?

Der Haushaltsplan soll eine politische Programmfunktion erfüllen und damit Prioritäten der Aufgabenerfüllung setzen. Das tut er allenfalls im Bereich des Vermögenshaushalts, aber wie? Weil der Rat der Überzeugung ist, daß eine neue Sporthalle gebaut werden muß, wird das Projekt in den Vermögenshaushalt und das Investitionsprogramm eingestellt. Der Gesetzgeber schreibt uns zwar vor, daß wir bei Investitionen Wirtschaftlichkeitsvergleichsberechnungen anstellen und die Folgekosten berechnen müssen, dies wird aber von der Verwaltung nur halbherzig getan und vom Rat kaum zur Kenntnis genommen. Ich habe erlebt, daß die Notwendigkeit von Maßnahmen allein damit begründet wurde, daß das Land oder der Bund Zuschüsse gewähren. Die Kommune habe ja nur 50 % zu finanzieren. Es wäre genauso, als wenn ich mir als Privatperson einen Mercedes 500 SL kaufen würde, nur weil der Autohändler mir einen Rabatt gewährt, obwohl ich genau weiß, daß ich die Versicherungsprämie dafür nicht aufbringen kann. Wir haben durch teure, prestigeträchtige Objekte den politischen Handlungsspielraum auf Jahre hinaus verspielt. Der Haushaltsplan ist mit laufenden unabweisbaren Ausgaben so vollgestopft, daß wir neue Projekte nicht mehr ins Auge fassen können. Und ebenso ist die Verwaltung in der Bewältigung von Folgeaufgaben so gefangen, daß er nur noch bedingt Handlungsauftrag an die Verwaltung sein kann. Der Handlungsrahmen Haushaltsplan ist ein Zahlenwerk, das der Verwaltung bis aufs kleinste vorschreibt, welche Ausgaben sie leisten darf. Haushaltsstellen mit einem Ansatz von 100 DM oder weniger sind keine Seltenheit. In diesem Rahmen muß das Fachamt sich dann bei seiner Leistungserbringung bewegen. Reichen die Mittel nicht aus, bewilligt der Rat im Rahmen von überplanmäßigen Ausgaben. Dies fördert nicht die Flexibilität der Verwaltung und Mitarbeiter. Anstatt ihnen zu überlassen, wie sie die Produkte ihres Amtes herstellen, fragt der Rat kritisch nach jeder ausgegebenen Mark. Wichtig wäre eigentlich nur, wie gut die Leistung erbracht wird. Ob der Fachbereich seinen

Leistungsauftrag mit moderner Technik oder mit mehr Mitarbeitern erfüllt, ist eigentlich egal, wenn es kostengünstig und in angemessener Qualität erfolgt. Der Handlungsrahmen Haushaltsplan ist viel zu eng, er kann die ihm zugeschriebene Funktion gar nicht erfüllen.

Auch die Kontrollfunktion kann der Haushaltsplan letztlich nicht erfüllen. Mit dem Haushaltsplan denken wir mehr in bestimmten Kostenarten als produkt- und leistungsbezogen. Wir wissen zwar, wie hoch die Personalkosten oder die Gebäudeunterhaltungskosten der gesamten Verwaltung sind, wir wissen aber nicht, was uns eine Baugenehmigung oder ein Grundschüler kosten. Das können wir in keinem Haushaltsplan nachlesen, auch deshalb ist er ein Zahlenfriedhof. Unser gesamtes Haushaltsrecht räumt den Kostenarten Vorrang ein. Personalausgaben sind gegenseitig deckungsfähig, d. h. Einsparungen von Personalkosten in einem Unterabschnitt dürfen zur Deckung höherer Personalkosten in einem anderen Unterabschnitt herangezogen werden. Innerhalb eines einzelnen Produkts dürfen wir aber einen Deckungsausgleich nicht vornehmen. Sparen wir im Meldeamt einen Mitarbeiter ein, weil wir einen Computer einsetzen, können wir nicht mit den eingesparten Personalkosten unseren Computer finanzieren. Unser Rechnungswesen baut auf dem Haushaltsplan auf. Deshalb ist auch die Rechnungsprüfung in dem System gefangen und kann eine echte Kontrollfunktion im Sinne von Controlling gar nicht wahrnehmen. Circa ein bis anderthalb Jahre nach dem Jahresabschluß legt das Rechnungsprüfungsamt seinen Bericht zur Rechnungsprüfung des Haushaltsjahres vor. Zu diesem Zeitpunkt sind wirksame Steuerungsmaßnahmen überhaupt nicht mehr möglich. Es ist eine nachträgliche Aufarbeitung des Verwaltungshandelns im Sinne einer Manöverkritik, mehr nicht.

Der Haushalt, so heißt es, habe eine gesamtwirtschaftliche Funktion, auch deshalb, weil er durch seinen Aufbau eine Vergleichbarkeit öffentlicher Haushalte ermögliche und Transparenz herstelle. Mit der Transparenz habe ich so meine Zweifel. Der Haushaltsplan ist für die meisten eher ein Buch mit sieben Siegeln. Der Gesetzgeber schreibt uns bis ins letzte Detail vor, wie wir den Haushaltsplan zu gliedern und zu gruppieren haben. Jeder einzelne Unterabschnitt ist in seiner Bezeichnung und den Einnahme- und Ausgabearten, die er enthalten muß, vorgeschrieben. Dies dient in der Tat der Vergleichbarkeit und dem Erstellen schöner Statistiken. Ob es allerdings auch dem Bedarf jeder Kommune entspricht, sei dahingestellt. In unserem Ordnungsamt erbringen wir auch die Leistungen des Personenstandswesens (Beurkundung von Geburten, Sterbefälle, Eheschließungen). Der Gesetzgeber sieht für das Personenstandswesen den Unterabschnitt 050, für andere Leistungen des Ordnungsamtes den Unterabschnitt 110 vor. Alle Versuche, die Haushaltsplangliederung in diesem Bereich den Produkten des Ordnungsamtes anzupassen und damit die Kosten produktbezogen nachweisen zu können, sind gescheitert. Die Aufsichtsbehörde überwacht genau, die Transparenz im Sinne einer Vergleichbarkeit für die Kontrolleure muß schließlich gewahrt bleiben.

6 Zauberwort Haushaltsbudgetierung

Viele Kommunen stecken in einer akuten Finanzkrise. Einerseits bekamen sie in den letzten Jahren immer mehr Aufgaben übertragen, ohne daß ein finanzieller Ausgleich erfolgte, auch hat die deutsche Einheit ihren Preis gefordert, andererseits sind sie selbst nicht ganz schuldlos an der Misere. Oft haben sie über ihre Verhältnisse gelebt. Not macht bekanntlich erfinderisch, und so sind in den letzten Jahren zahlreiche Modelle zur Behebung der Krise ausprobiert worden. Sie reichen von der Schließung von Einrichtungen und der Kürzung von Leistungen bis hin zu Reformen innerhalb der Verwaltung.

Wenn man einen Haushalt nicht ausgleichen kann, muß gespart werden. Der einfachste Weg dorthin ist, die Haushaltsmittel pauschal zu kürzen. Also beschließt die Politik, alle Sachausgaben im Haushaltsplan um 10 % zu kappen. Die Verwaltung muß dann sehen, wie sie zurechtkommt. Weil die Ansätze im Haushaltsplan in der Regel gut gepolstert sind, klappt das Verfahren eine Weile, nur nicht auf Dauer und nicht immer. Wer versucht hat, wirklichkeitsnah zu planen, kommt mit den gekürzten Mitteln nicht aus, ohne seine Leistung einzuschränken. Zunächst wird der Kürzungsbeschluß noch ernst genommen, aber im Oktober, wenn man die Mittel aufgebraucht hat, stellt sich für die Verwaltungsmitarbeiter die Frage, ob man jetzt nicht mehr telefonieren kann. Die Freigabe der gesperrten 10 Prozent wird beantragt, und wenn man Glück hat, kommt man damit bis zum Jahresende aus. Irgendwann sieht man ein, daß für die Haushaltsplanaufstellung und die -ausführung ein anderes Verfahren her muß. Viele Städte und Gemeinden haben sich ein Budgetierungsverfahren einfallen lassen. Sie ermitteln zunächst einmal den zur Verfügung stehenden Finanzrahmen, indem sie die voraussichtlichen Einnahmen des kommenden Jahres schätzen. Innerhalb dieses Rahmens stellen sie ihren Haushaltsplan auf. Der Rat beschließt, daß das Ausgabevolumen sich in diesem Rahmen bewegen muß. Jetzt zieht man zunächst einmal die gesetzlich vorgeschriebenen Ausgaben (Pflichtausgaben) ab und kommt dann zu der zur Verfügung stehenden Finanzmasse. Die wiederum teilt man auf die Dezernate und Ämter nach einem bestimmten Schlüssel auf. Das Dezernat oder Amt hat nun ein ihm zur Verfügung stehendes Budget, das in seinen Augen viel zu knapp bemessen ist. Dennoch machen sich die Fachbereiche auf die Suche nach Ausgabenkürzungen. Zum ersten Mal wird die Phantasie der Mitarbeiter gefordert. Leistungen kommen auf den Prüfstand, Aufgabenkritik wird vorgetragen. Man entdeckt sogar die eine oder andere Schwachstelle in seinem Amt und versucht, die Abläufe zu verbessern. Auf Dauer funktioniert das Verfahren jedoch nur, wenn den Fachbereichen auch die Ressourcenverantwortung übertragen wird, und ein wirklicher Reformansatz für die öffentliche Verwaltung ist es auch nicht. Viele Kommunen schlagen diesen Weg ein, weil sie sich schnelle Erfolge davon versprechen. Es ist jedoch nur Teilaspekt eines neuen Steuerungsmodells. Zu viele andere wirksame Komponenten bleiben unberücksichtigt.

Das Verfahren kann auch fehlschlagen, dann nämlich, wenn es nicht ernsthaft betrieben wird. Das Kämmereiamt ermittelt den Finanzrahmen und gibt vor, daß, gemessen an den Ausgabesätzen des Vorjahres, 10 Prozent einzusparen sind. Das wird in der Beigeordnetenkonferenz beraten. Schauen wir kurz in die Sitzung hinein:

Oberbürgermeister: „Das Kämmereiamt hat den Finanzrahmen für das nächste Haushaltsjahr ermittelt. Danach werden insbesondere die Gewerbesteuereinnahmen sinken. Wir müssen die Ausgaben um 10 Prozent kürzen, wenn wir einen ausgeglichenen Haushaltsplan vorlegen wollen. Ich schlage vor, daß jeder Dezernent in seinem Dezernat versucht, diese Vorgabe zu verwirklichen."
Sozial- und Jugenddezernent: „In meinem Bereich handelt es sich ausschließlich um Pflichtaufgaben. Das neue Jugendhilfegesetz hat

uns eine Menge Aufgaben übertragen, die wir erfüllen müssen. Dies sind gesetzlich vorgeschriebene Aufgaben, dort können wir nicht einfach Ausgaben kürzen."
Schul- und Kulturdezernent: „Es läuft also wieder alles darauf hinaus, im Bereich Schulen und Kultur zu kürzen. Die Grundschulen befinden sich in einem bedauernswerten Zustand. Dort sind dringend Sanierungsmaßnahmen erforderlich, die wir schon seit Jahren vor uns herschieben. Außerdem ist immer, wenn gespart werden muß, die Kultur an der Reihe. Die Förderung unserer kulturtreibenden Vereine können wir nicht einstellen. Auch für meinen Bereich sehe ich keine Einsparungsmöglichkeiten."
Baudezernent: „Ich habe meine Haushaltsansätze bereits überprüft. Einsparungen kann ich nicht vornehmen. Da die Bauverwaltung jedoch Leistungen für andere Fachämter erbringt, werde ich die Kosten dafür in Zukunft verrechnen. Das verbessert meine Einnahmen. Insofern habe ich die Vorgabe, den Haushalt auszugleichen, für meinen Bereich jedenfalls, erfüllt."
Oberbürgermeister: „Es geht nicht nur um die Sachausgaben, es geht auch um den Verwaltungsapparat. Wir müssen nicht nur überprüfen, ob wir Leistungen abbauen können, sondern auch, ob unsere Verwaltung effizient arbeitet. Darum müssen wir auch überprüfen, ob Personalreserven bestehen."
Sozial- und Jugenddezernent: „Wie wollen Sie das denn machen? Wollen Sie die Leute nach Hause schicken? Das geht doch gar nicht. Die sind doch durch das Beamten- und Tarifrecht abgesichert."
Sportdezernent: „Ich habe festgestellt, daß in der Verwaltung zuviel Vorgänge fotokopiert werden. Man müßte die Zahl der Fotokopien einmal reduzieren, das spart auch Kosten. „
Kulturdezernent: „Ähnlich ist das mit dem Telefon. Werden Privatgespräche überhaupt abgerechnet? Als ich noch im Ministerium gearbeitet habe, ist dort auf jeden Schreibtisch ein Sparschwein gestellt worden. Jeder Mitarbeiter, der privat telefoniert hat, hat 30

Pfennig hineingeworfen. Bei uns werden Privatgespräche doch überhaupt nicht abgerechnet."

Finanzdezernent: „Ja, wir werden die Haushaltsvoranschläge unter diesem Gesichtspunkt noch einmal überprüfen. Bis nächste Woche werde ich eine Streichliste vorlegen."

Vielleicht etwas übertrieben, aber doch ein Beispiel dafür, wie manche Verwaltungsführungen an das Problem herangehen. Eine Gesamtverantwortung für die Stadt wird nicht wahrgenommen. Nur der eigene Bereich wird gesehen. Im Finanzausschuß wird die Diskussion in ähnlicher Weise fortgesetzt. Immer noch glauben Politiker, sie würden daran gemessen, wer den schönsten, größten und aufwendigsten Kindergarten gebaut hat oder die modernste Stadthalle. Geld spielt keine Rolle. Es geht schließlich um Menschen, für die wir Verantwortung tragen. Aber geht es nicht auch um die Menschen, die durch ihre Arbeit das Geld für all die schönen Einrichtungen aufbringen müssen? Das wird allzu leicht vergessen. Für alles und jedes, was wir in der Kommunalverwaltung tun, gibt es Vorschriften und Richtlinien. Eine solche Richtlinie gibt uns vor, wie groß wir Klassenräume für Grundschulen planen müssen. Nur innerhalb dieser Vorgabe wird der Bau einer Schule vom Land bezuschußt. Weil im Schulträgerausschuß auch Lehrer sitzen, ist die Richtlinie jedoch viel zu eng gefaßt. Es ist pädagogisch viel sinnvoller, die Klassenräume etwas größer zu planen. Ein entsprechender Antrag wird gestellt, und, weil ja alles für unsere Kinder getan werden muß, auch mehrheitlich verabschiedet. Die Grundschule wird mit den größeren Räumen gebaut. Die Mehrkosten betragen eine Million DM, die die Stadt allein aufzubringen hat, denn sie sind nicht zuschußfähig. Würde der Ausschuß seine Zustimmung verweigern, würde folgendes passieren: Zunächst würde die örtliche Presse darüber herziehen, daß wieder einmal an den Kindern gespart wird. Für ein neues Parkhaus habe man neulich doch erst 12 Millionen DM ausgegeben, unsere Kinder seien uns nicht die geringen Mehrkosten wert. Eine Elterninitiative würde sich bilden, die mit den gleichen Argumenten kommt. Mit ihren Kindern würden sie eine Demonstration vorm Rathaus oder in der nächsten Stadtratssitzung veranstalten und das haben wollen, was anderen Interessengruppen schon zugestanden wurde. Welcher Beigeordnete und welches Ratsmitglied wird sich einem solchen Druck nicht beugen?

Auch bei der Haushaltsplanausführung haben wir schon budgetiert. Verschiedene Ausgabearten werden im Haushaltsplan durch eine Stelle zentral bewirtschaftet. Nehmen wir beispielhaft die Porto- und Fernmeldegebühren. Das Hauptamt als zentrale Stelle ist verantwortlich dafür, die Kosten entstehen jedoch woanders: in den Fachämtern. Ob jemand viel oder wenig telefoniert und damit viel oder wenig Kosten verursacht, darauf hat das Hauptamt keinen Einfluß. Es muß jedoch den Kopf dafür hinhalten, wenn die Kosten schon wieder um 200 000 DM in der Gesamtverwaltung gestiegen sind. Jeder kleine Handwerksbetrieb weiß am Monatsende, wie hoch seine Telefon- und Portokosten gewesen sind. Ein Fachamt in der Verwaltung weiß das nicht. Es nimmt eine Leistung in Anspruch, die scheinbar kostenlos angeboten wird. Man erfüllt schließlich Aufgaben, der Ressourcenverbrauch dafür ist uninteressant. Das Hauptamt kommt deshalb auf die Idee, die Mittel für Telefon und Porto zu budgetieren. Aufgrund der Vorjahresergebnisse teilt es die Summe der zur Verfügung stehenden Mittel auf die Fachbereiche auf. Jedes Amt bekommt mitgeteilt, wieviel Mittel ihm im kommenden Jahr zur Deckung der Telefon- und Portokosten zur Verfügung stehen. Dank moderner Technik ist es möglich, den Mittelverbrauch monatlich zu überwachen. Die Gebühreneinheiten fürs Telefon können nach Kostenstellen aufgezeichnet werden, ebenso die in der zentralen Postausgangsstelle versandten Briefe. Den Fachämtern teilt man am Ende des Monats mit, welche Mittel sie verbraucht haben und was für den Rest des Jahres noch zur Verfügung steht. Das Fachamt kann dann rechtzeitig Einsparungsmaßnahmen einleiten. Sind die Mittel verbraucht, ist das Fachamt verpflichtet, selbst weitere Mittel zu beantragen oder den Mehrverbrauch durch Einsparungen bei anderen Haushaltsstellen auszugleichen. Das Verfahren funktioniert dann, wenn bei Mittelüberschreitungen die Konsequenzen gezogen werden. Führt man ein solches Verfahren ein, kümmert es die Fachbereiche anfangs wenig, wie viel Mittel sie verbraucht haben. Auch eine Mittelüberschreitung interessiert nicht. Es läuft alles in den gewohnten Bahnen weiter. Erst wenn Konsequenzen dergestalt gezogen werden, daß die Telefone gesperrt oder Briefe nicht mehr befördert werden, wird das Fachamt wach. Erst dann wird es überlegen, ob es sich beim Ressourcenverbrauch nicht etwas zurückhalten kann. Nach und nach wird es dann erkennen, daß es für seinen Mittelansatz selbst verantwortlich ist. Natürlich müssen Verwaltungsspitze und Rat, der die Mittel bewilligt, hinter einem solchen Verfahren stehen. Gibt der Rat nur in einem Fall nach und bewilligt zusätzliche Mittel, ist der Erfolg gefährdet. Eine kleine Budgetierungsmaßnahme, die dazu beitragen kann, daß Gesamtverantwortung in unseren Fachämtern wahrgenommen wird.

Erinnern wir uns noch einmal: Wir wissen nicht, was wir tun. Deshalb wollten wir unsere Leistungen als Produkte beschreiben. Wir wissen nicht, was unser Tun kostet. Deshalb wollten wir den Produkten die Kosten zuordnen. Das Produkt sollte Mittelpunkt unseres Handelns werden. Wir wollten sagen, in welcher Qualität wir bestimmte Leistungen erbringen und was sie kosten. Wir haben auch gesehen, daß der Haushaltsplan heute diese Aussagen nicht treffen kann. Also funktionieren wir den Haushaltsplan um zu einem Instrument, das unseren Anforderungen gerecht wird. Nach den Produkten, die wir gebildet haben, wollten wir auch unsere Organisation ausrichten. Wir müssen unsere Organisation so zuschneiden, daß die Herstellung eines Produktes in einer Hand liegt.

Verschiedene Produkte fassen wir zu Produktgruppen zusammen, diese wiederum zu Produktbereichen. Ein solcher Produktbereich ist das Fachamt im heutigen Sinn. Wenn wir nun alle Kosten den einzelnen Produkten zuordnen, kommen wir zu einem Budget, das dem Fachbereich für seine Leistungserfüllung zur Verfügung steht. Innerhalb dieses Budget bewegt sich das Fachamt. Das Fachamt hat kalkuliert, daß die Herstellung von Produkten in einer bestimmten Quantität und Qualität, sagen wir einmal, 10 Millionen DM kostet. Dieses Budget wird dem Fachamt zur Verfügung gestellt. Damit erstellt es x Mal Produkt A, x Mal Produkt B usw. in einer Qualität, die es vorher beschrieben hat. Natürlich muß das Fachamt auch die Erlöse kalkulieren, die es mit seinem Produkten voraussichtlich erzielt. Die meisten Bereiche der Verwaltung können nicht kostendeckend arbeiten. Das Fachamt ermittelt aus den Erlösen und den Kosten den Kostendeckungsgrad für jedes Produkt, mithin auch den Zuschußbedarf. Unterm Strich wird also ausgewiesen, was ein bestimmtes Produkt den Steuerzahler kostet. Auf diese Art und Weise bekommen wir Kennzahlen für jedes Produkt, die wir mit Kennzahlen aus der Privatwirtschaft oder anderen Verwaltungen vergleichen können. Das Fachamt muß sich daran messen lassen, ob es die Finanzziele und auch die Leistungsziele erreicht hat. Die Kostenkalkulation für jedes Produkt ist nur ein erster Schritt. Sie ist nur eine grobe Schätzung. Wollen wir genauere Zahlen haben, müssen wir für jeden Fachbereich die Kostenrechnung einführen. Das Produkt ist die Kostenstelle oder der Kostenträger, dem wir Erlöse und Kosten zuordnen. Die Kostenrechnung müssen wir so gestalten, daß wir jederzeit Zwischenabschlüsse fahren und aus den Ergebnissen die Konsequenzen ziehen können. Ein wirksames Controlling können wir wahrscheinlich nur auf der Grundlage der Kostenrechnung aufbauen.

Es gibt zahlreiche Kritiker, die argumentieren, eine Kostenrechnung für alle Verwaltungsbereiche sei viel zu aufwendig. Außerdem sei es ein nicht vertretbarer Aufwand, wenn alle Bereiche eine gegenseitige Leistungsverrechnung vornehmen. Nur dort, wo es sich um sogenannte Gebührenhaushalte handele, also der Bürger die Leistung direkt bezahlt, sei der Aufwand gerechtfertigt. Nach wie vor wird vergessen, daß die Kostenrechnung nicht nur der Gebührenkalkulation, sondern auch der Steuerung eines Betriebes dient. In einer Verwaltung gibt es nicht nur den Bürobereich, es gibt auch den großen Bereich, der manuelle Dienstleistungen erbringt, z. B. Müllabfuhr, Straßenreinigung, Grünflächenpflege usw. Dieser Bereich wird auch von den unterschiedlichsten Verwaltungsstellen in Anspruch genommen. Organisiert unser Kulturamt ein Heimatfest, so beauftragt es diesen Bereich z. B. mit dem Aufstellen einer Bühne, mit Transportleistungen oder mit anderen Auf- und Abbauarbeiten. Gäbe es den manuellen Bereich nicht, müßte eine Privatfirma beauftragt werden. Dafür müßten selbstverständlich Mittel in den Haushaltsplan eingestellt werden. Führt jedoch unser eigenes Baubetriebsamt die Arbeiten durch, tun wir so, als seien diese Leistungen völlig umsonst. Ich habe nicht selten das Argument gehört, solche Arbeiten kosteten nichts, die Arbeiter seien ja sowieso da. Daß hier Ressourcen in gehörigem Ausmaß verbraucht werden, wird geflissentlich übersehen. Aber das ist nur eine Seite der Medaille. Die andere Seite ist die, daß wir diejenigen, die die Ausrichtung unseres Heimatfestes beschließen, im Unklaren darüber lassen, was es kostet. Der Haushaltsplan weist in diesem Fall nur die Fremdkosten aus. Es mag sein, daß wir mit der Verrechnung der Leistungen den Haushaltsplan aufblähen, aber sie ist im Sinne von Kostentransparenz unerläßlich. Nur wenn der Rat weiß, was einzelne Produkte kosten, kann er darüber beschließen, ob und in welcher Qualität wir sie erstellen sollen. In einem Artikel einer Fachzeitschrift wird argumentiert, es ändere sich nicht viel, wenn wir wüßten, daß wir die Theaterkarte anstatt mit 80 DM mit 90 DM subventionierten. Es sei unsere Aufgabe, den Preis einer Konzert- oder Theaterkarte so zu gestalten, daß allen interessierten Bürgern der Besuch der Veranstaltung möglich sei. Der Aufwand für die Kostenrechnung sei gemessen an den Konsequenzen, die wir daraus ziehen könnten, viel zu hoch. Ob dieses Argument in Zeiten finanzieller Engpässe noch zieht, möchte ich bezweifeln. Sind wir nicht verpflichtet, unser Angebot zu überprüfen? Und wenn wir Theaterveranstaltungen mit halbleeren Sälen durchführen, besteht dann noch der Bedarf, den wir decken müssen? Oder haben wir etwa das falsche Angebot? Erreichen wir damit noch die Bürger, die wir erreichen möchten? Ich glaube schon, daß aus den Ergebnissen der Kosten- und Leistungsverrechnung Folgerungen gezogen werden können, ja sogar müssen. Wenn wir eine Hausdruckerei betreiben und Leistungen für die Fachämter erbringen, woher wissen wir überhaupt, ob wir diese Leistungen kostengünstig erbringen? Ist eine Privatdruckerei nicht vielleicht billiger? Die ganze Diskussion um die Privatisierung öffentlicher Leistungen ist ja auch deshalb in Schwung gekommen, weil wir nicht in der Lage waren, den Leistungs- und Kostenvergleich mit der Privatwirtschaft anzutreten. Die Kosten- und Leistungsverrechnung ist schon notwendig, auch wenn sie aufwendig ist.

Machen wir noch einmal einen Schritt zurück zu unserer Ausgangssituation. Es wäre ja schon viel erreicht, wenn wir unsere Haushaltspläne so gestalten könnten, daß sie lesbar werden und aussagen, welche Leistungen mit welchen Kosten und in welcher Qualität erbracht werden. Wenn wir Produkte beschrieben, die Kosten und Erlöse dafür kalkuliert haben, wer hindert uns denn daran, den Haushaltsplan um diese Informationen anzureichern? Wir brauchen nur die Einnahmen und Ausgaben für ein Produkt oder eine Produktgruppe in einem Unterabschnitt zusammenzufassen und dort Leistungen zuzuordnen. Dann haben wir einen viel aussagekräftigeren Haushaltsplan, und die Politik weiß schon eher, über was sie eigentlich entscheidet. Mit einem solchen Haushaltsplan stellen wir dem Fachbereich ein Budget zur Verfügung, in dem er sich bewegen kann. Und weil wir die Gesamtverantwortung übertragen haben, sind gewissermaßen kleine Profitcenter entstanden. Natürlich müßte es möglich sein, daß der Fachbereich mit seinem Budget flexibel agiert. Solange er den Mittelrahmen nicht überschreitet, könnte es uns egal sein, wie er seine Produkte erstellt und seine Mittel einsetzt. Das bestehende kommunale Haushaltsrecht läßt Flexibilität noch nicht zu. Zu genau wird vorgeschrieben, welche Mittel gegenseitig deckungsfähig sind oder ob Mittel ins nächste Jahr übertragen werden dürfen. Mit etwas Phantasie können wir uns allerdings schon jetzt im Haushaltsplan produktbezogen bewegen. Es gibt ja auch erste Ansätze, das kommunale Haushaltsrecht in unserem Sinne zu lockern. Ganz hoffnungsfroh stimmen sie uns jedoch nicht. Die Bürokratie läßt wieder einmal grüßen.

7 Der vertrackte Kontrakt

Besuchen Sie doch einmal eine Ratssitzung. Der Eintritt ist kostenlos, und böse Zungen behaupten, es werde grandiose Unterhaltung geboten. Die Redebeiträge könnten in der Tat die Frage aufkommen lassen, wer für das Gemeinwohl eintritt. Blenden wir uns zum Tagesordnungspunkt 8 einmal ein:

Oberbürgermeister (als Vorsitzender des Rates): „Ich rufe auf den Tagesordnungspunkt 8 unserer heutigen Sitzung. Aus der Vorlage können Sie entnehmen, daß es dabei um den Parkplatz in der Buchenstraße geht. Wir wollen diesen Parkplatz nicht mehr kostenlos zur Verfügung stellen, weil er nahe an der Innenstadt liegt und dort jetzt nur Dauerparker zu finden sind. Um die Attraktivität unserer Innenstadt zu erhöhen, sollte der Parkplatz für Kurzzeitparker bereitgehalten werden, die zu uns zum Einkaufen kommen. Dauerparker wollen wir nach wir vor auf dem Park und Ride Platz an der Milchstraße unterbringen. Die Verwaltung schlägt vor, für das Parken auf dem Parkplatz Buchenstraße eine Gebühr von 1 DM pro angefangener Stunde zu erheben. Dies ist der Beschlußvorschlag zum Tagesordnungspunkt 8. Die Angelegenheit wurde bereits im Ausschuß für Planung und Verkehr, im Wirtschaftsförderungsausschuß und im Finanzausschuß behandelt. Gibt es Wortmeldungen hierzu? Ja bitte, Herr A."

Ratsmitglied A: „Herr Oberbürgermeister, meine Damen und Herren. Meine Fraktion wird dem Vorschlag nicht zustimmen. Wie Sie wissen, fordern wir seit langem den Bau eines Parkhauses in der Luisenstraße. Bisher sind wir bei Ihnen mit unserem Vorschlag nur auf taube Ohren gestoßen. Es muß endlich etwas für unsere Bürger getan werden, die mit dem Auto zur Innenstadt wollen. Bereits in der Sitzung des Finanzausschusses haben wir deshalb angeregt, daß die Verwaltung eine Planungsvorlage für ein solches Parkhaus erstellt. Wieder einmal ist nichts passiert."

Oberbürgermeister: „Herr A., Sie haben im Finanzausschuß zwar eine Anregung gegeben, aber der Finanzausschuß hat Ihre Vorstellungen mehrheitlich abgelehnt. Weitere Wortmeldungen? Bitte schön, Frau B."

Ratsmitglied B: „Herr Oberbürgermeister, meine Damen und Herren. Nach wie vor ist die Benachteiligung von Frauen in unserer Gesellschaft nicht überwunden. Der Vorschlag des Herrn A. zeigt wieder einmal, wie wenig sich seine Fraktion um die Belange der Frauen in unserer Stadt kümmert. Wie oft schon haben wir gefordert, Parkhäuser frauenfreundlich zu gestalten. Wir fordern, daß in dem Parkhaus Luisenstraße besondere Frauenparkplätze im Erdgeschoß ausgewiesen, der Ein- und Ausgangsbereich ausgeleuchtet und die Parkflächen rund um die Uhr bewacht werden. Gerade in Parkhäusern sind wir Frauen immer wieder Belästigungen ausgesetzt. Damit muß jetzt endlich Schluß sein."

Ratsmitglied C: „Kommen wir doch zum Thema zurück, meine Damen und Herren. Die Verwaltung hat hier den Vorschlag auf den Tisch gelegt, den Parkplatz in der Buchenstraße gebührenpflichtig zu machen. Ich behaupte, wir werden damit nicht den gewünschten Erfolg erzielen, weil wir in der benachbarten Karlsstraße immer noch kein Halteverbotsschild aufgestellt haben. Die Autofahrer werden dort gebührenfrei parken, während der gebührenpflichtige Parkplatz in der Buchenstraße leer bleiben wird. Es ist für unsere Fraktion auch völlig unverständlich, daß die Autofahrer eine Gebühr von 1 DM je angefangene Stunde zahlen müssen. Es ist heute technisch durchaus machbar, die Parkscheinautomaten so einzustellen, daß nicht unbedingt eine volle Stunde, sondern, sagen wir mal, im 10 Minuten-Takt abgerechnet wird."

Ratsmitglied D: „Wieso Parkscheinautomaten? Ich denke, dort kommt eine Schrankenanlage hin. Im Wirtschaftsförderungsausschuß haben wir das jedenfalls so diskutiert. Ich verstehe nicht, warum sich die Verwaltung nie an Ausschußbeschlüsse halten kann. Ich stelle daher für meine Fraktion den Antrag, in der Buchenstraße eine Schrankenanlage aufzustellen. Jetzt möchte ich zur Gebührenhöhe kommen: Wir verlangen dort vom Bürger 1 DM, während wir den Park und Ride Platz an der Milchstraße völlig kostenlos anbieten. Ist das das Konzept Ihrer Verwaltung zur Verkehrsberuhigung in der Innenstadt? Ich fordere Sie daher, Herr Oberbürgermeister, zum wiederholten Male auf, endlich ein solches Konzept vorzulegen."

Oberbürgermeister: „Ich darf Sie, Herr D., nur darauf hinweisen, daß Sie im Wirtschaftsförderungsausschuß zwar einen Antrag gestellt haben, aber mit diesem Antrag unterlegen waren. Das Wort hat das Ratsmitglied E."

Ratsmitglied E: „Herr Oberbürgermeister, meine Damen und Herren. Ich finde die Diskussion, die wir hier führen, langsam unerträglich. Wir waren doch im Ausschuß übereingekommen, die Angelegenheit rechtlich noch einmal untersuchen zu lassen. Meines Wissens schreibt das Gesetz vor, daß wir pro angefangener halben Stunde höchstens 0,50 DM an Parkgebühren kassieren dürfen. Hat die Verwaltung dies einmal geprüft, Herr Oberbürgermeister? Wir werden der Vorlage jedenfalls nicht zustimmen. Sollte die Vorlage so beschlossen werden, werden wir uns an die Aufsichtsbehörde wenden und ein Rechtsgutachten anfordern. Sie werden dann schon sehen, wie weit Sie mit Ihren Vorstellungen kommen. Wenn wir hier schon über Park und Ride diskutieren, dann müssen wir uns auch fragen, was wir für den öffentlichen Personennahverkehr tun. Unsere Verkehrsbetriebe fahren in jedem Jahr ein Defizit von 10 Millionen DM ein. Ein Defizit, das letztlich von uns allen als Autofahrern getragen werden muß. Wollen Sie die Parkgebühren etwa zur Deckung dieses Defizits verwenden?"

Ratsmitglied F: „Herr Oberbürgermeister, Sie setzen sich immer stark für den öffentlichen Personennahverkehr ein. Wie kommt es dann, daß Sie in der vergangenen Woche mit dem Dienstwagen in unsere Landeshauptstadt gefahren sind? Sie verknappen das Angebot an Parkplätzen für unsere Autofahrer, rufen dazu auf, Busse und Bahnen zu benutzen und selbst richten Sie sich nicht danach. Sie sollten Vorbild für unsere Bürger sein!"

Ratsmitglied E: „Also mir wird die Diskussion allmählich zu bunt. Ich sage das hier in der Öffentlichkeit und vor der Presse. Die ganze Diskussion zeigt, daß uns die Verwaltung wieder einmal eine unreife Vorlage geliefert hat. Es wäre wahrscheinlich das beste, wir würden die Angelegenheit erneut im Ausschuß für Planung und Verkehr beraten. Ich stelle daher den Antrag, die Vorlage an diesen Ausschuß zurückzuverweisen."
Oberbürgermeister: „Es liegen keine weiteren Wortmeldungen vor. Ich lasse deshalb über den Antrag von Herrn E. abstimmen, die Angelegenheit erneut im Ausschuß für Planung und Verkehr zu beraten. Wer ist dafür? Wer ist dagegen? Enthaltungen? Einstimmig angenommen. Danke schön."

Das ist nur ein unvollständiger Auszug. In Wirklichkeit haben sich viel mehr Ratsmitglieder zu Wort gemeldet und zur Angelegenheit gesprochen. Die Diskussion hat über 2 Stunden gedauert. Schauen wir uns noch den nächsten Tagesordnungspunkt an:

Oberbürgermeister: „Ich rufe den Tagesordnungspunkt 9 auf. Zu Beginn der Sitzung hatten wir beschlossen, diese Angelegenheit als Dringlichkeitsvorlage auf die Tagesordnung zu nehmen. Die schriftliche Vorlage konnte Ihnen erst heute auf den Tisch gelegt werden. Es geht um den Bau einer weiteren Klärstufe für unsere Kläranlage. Die ursprünglich vorgelegte Kostenschätzung mußte aus verschiedenen Gründen revidiert werden. Bei der Bauausführung hat sich herausgestellt, daß das Klärbecken nicht einen Durchmesser von fünfzehn, sondern von zwanzig Metern haben muß. Wir müssen größer bauen, weil wir auch die Einwohner aus den Vororten zusätzlich an die Kläranlage anschließen wollen. Die Mehrkosten belaufen sich auf 10 Millionen DM. Die Mittel müssen wir noch im diesjährigen Haushaltsplan bereitstellen, damit wir noch die Ausschreibung vornehmen und die Aufträge erteilen können. Insgesamt wird das den Haushalt jedoch nicht belasten. Es handelt sich bekanntlich um einen Gebührenhaushalt, der sich über die Abwasserbeseitigungsgebühren finanziert. Ich bitte um Ihre Zustimmung. Wortmeldungen? Ich sehe keine. Wir kommen zur Abstimmung. Wer ist dafür? Wer ist dagegen? Wer enthält sich? Vorlage einstimmig angenommen."

Aus dem Beispiel können wir mehrere Aussagen ableiten:

Der Rat diskutiert über alles, nur nicht über den aktuellen Tagesordnungspunkt. Er beschränkt sich nicht auf den Beschlußvorschlag. Jede Gelegenheit wird dazu benutzt, den eigenen Standpunkt zum Gesamtthema darzustellen. Schließlich sind einige Zuschauer sowie die örtliche Presse anwesend. Gelegenheit für alle, noch einmal ihr gesamtes politisches Programm abzuspulen. Es ist auch schwer, beim Thema zu bleiben, wenn es um solch eine winzige Detailfrage wie die Festsetzung von Parkgebühren geht. Dazu selbst kann man eigentlich wenig sagen. Viel ergiebiger ist es, sich über den Individualverkehr und den öffentlichen Personenverkehr auszulassen. Ein Thema, das uns alle berührt, bei dem wir auch alle mitreden können. Jeder ist Autofahrer, Fußgänger, Radfahrer oder Busfahrer. Im Verlauf einer solchen Diskussion gibt ein Wort das andere, so daß die Abschweifung vom Thema vorprogrammiert ist. Eigentlich sollte eine Debatte so ablaufen, daß jede Fraktion ihren Standpunkt zur Angelegenheit darlegt. Danach sollte beschlossen werden. Weil aber der politische Gegner gerade etwas gegen uns ausgeführt hat, müssen wir ihm natürlich die passende Antwort geben. Es kommt immer mehr zur Rede und Gegenrede, bis keiner mehr weiß, worum es überhaupt geht. Es werden nur noch Fensterreden gehalten. Überzeugen kann man die anderen längst nicht mehr. Allerdings wird man immer unschlüssiger und scheut schließlich eine Entscheidung. Der einfachste Weg ist dann der, die Angelegenheit zu vertagen. Man will alle Argumente pro und contra noch einmal prüfen. Man hat ja schwergewichtige Entscheidungen zum Wohl (oder Leidwesen) unserer Bürger zu treffen. Damit zeigt man den Bürgern, wie ernst man die Sache nimmt.

Entscheidungen des Rates werden in aller Regel in den Ausschüssen vorberaten. Die Ausschüsse tagen grundsätzlich in nichtöffentlicher Sitzung. Aus gutem Grund. Man will verhindern, daß die Sitzungen so ablaufen wie in unserem Beispiel. Jedes Mitglied soll die Möglichkeit haben, seinen Standpunkt frei zu vertreten und auch einmal eine unpopuläre Meinung zu äußern. Darüber hinaus will man die Debatten nicht unbedingt in den Rat hineintragen. Wenn eine Angelegenheit einen oder mehrere Ausschüsse durchlaufen hat, sollte sie eigentlich beschlußfähig sein. Ob sie dann einstimmig oder mehrheitlich beschlossen oder auch abgelehnt wird, ist dabei nicht die Frage. Mittlerweile hat es sich so entwickelt, daß die Auseinandersetzungen des Ausschusses im Rat fortgesetzt werden. Ist man mit seiner Meinung im Ausschuß unterlegen, muß sie natürlich im Rat noch einmal vorgetragen werden. Die Öffentlichkeit hat ein Recht darauf zu erfahren, daß man die besseren Argumente hat. Uns ist eine gehörige Portion demokratischen Bewußtseins abhanden gekommen. Das Eintreten für den eigenen Standpunkt wird nicht mehr als Überzeugungsarbeit, sondern als taktisches Spielchen verstanden. Die Arbeit in den Ausschüssen wird eigentlich immer wertloser. Alles und jedes wird in der Ratssitzung erneut aufgewärmt. Wenn man im Ausschuß mit einem Antrag unterlegen war, stellt man ihn im Rat erneut, nicht etwa in der Hoffnung, daß er dort eine Mehrheit finden könnte. Aber man beweist, daß man sich auch in Verfahrensfragen auskennt. Die Ausschußarbeit dient oft nur noch dazu herauszufinden, wie die politischen Mehrheiten zu einer bestimmten Frage sind. Manchmal noch nicht einmal das. Des öfteren habe ich erlebt, daß man sich an Ausschußbeschlüsse nicht mehr gebunden fühlte. Im Rat wurde dann eine andere Meinung vertreten, geradeso wie es taktisch oder (partei-) politisch in den Kram paßt. Immer weniger ist man auch bereit, sich demokratischen Mehrheitsentscheidungen zu beugen. Ist man in einer Sache unterlegen, gibt es immer noch die Möglichkeit, die ganze Angelegenheit einmal verfahrensrechtlich zu überprüfen. Irgendwo im komplizierten Verfahren wurde bestimmt ein Fehler gemacht. Man schaltet die Aufsichtsbehörde ein mit dem Ziel, das ganze Verfahren neu aufzurollen. Bekommt man dort kein Recht zugesprochen, bleibt immer noch die Anrufung eines Gerichts. Wenn auch nichts dabei herauskommt, man informiert die Presse, ist immer im Gespräch und zeigt, was man kann.

Nirgendwo sonst als im Rat habe ich öfter die Forderung gehört, man möge doch ein Konzept erarbeiten und vorlegen. Noch besser ist es natürlich, von einem Gesamtkonzept zu sprechen. Auch Rechtsgutachten sind populär. Solche Forderungen zeugen davon, daß man immer das große Ganze im Auge hat und die Detailfragen in einem übergeordneten Zusammenhang sieht. Wenn man nicht über eine Angelegenheit beschließen will, sind solche Forderungen immer ein gutes Mittel, die Sache aufzuschieben. Man hat den schwarzen Peter zurückgegeben. Nicht der Rat ist am Zug, sondern die Verwaltung, die erst einmal das Konzept erarbeiten muß. Liegt das Konzept vor, kann man immer noch nachweisen, was dabei alles vergessen wurde. Es muß überarbeitet und auf den neuesten Stand gebracht werden. Außerdem entbindet es den Rat davon, sich selbst einmal Gedanken über eine Angelegenheit und vielleicht eigene Vorschläge zu machen. In einer Ratssitzung hat der Vorsitzende einer großen Ratsfraktion gesagt, die Verwaltung sei dazu da, Vorschläge zu erarbeiten, der Rat habe nur ja oder nein zu sagen. Eine Lossagung von der eigentlichen Verantwortung des Rates, politische Ziele zu setzen. Ebenso populär wie die Forderung nach Gesamtlösungen, ist es, die Verwaltung anzugreifen. Es macht sich immer gut, insbesondere in der Öffentlichkeit, und wenn man weiß, daß die Presse darüber berichtet, der Verwaltung Fehler nachzuweisen. Man hat ja schließlich eine Kontrollfunktion auszuüben. Es mag ja sein, daß die Verwaltung oft schlafmützig arbeitet, aber in den Augen der Ratsmitglieder ist sie immer und an allem Schuld. Man kann damit so schön von der eigenen Unfähigkeit ablenken. Die Öffentlichkeit wird auch immer Beifall spenden, wenn man den langsamen Beamtenapparat einmal auf Trab bringt. Eine ausgezeichnete Motivation für unsere Mitarbeiter. Die Verwaltung ist auch diejenige in diesem Spiel, die sich am wenigsten wehren kann. Sie führt loyal die Beschlüsse des Rates aus. Vielleicht würde sie das sogar gern tun, wenn es endlich einmal Beschlüsse gäbe.

Schon Parkinson hat in seinem Buch „Parkinsons Gesetz" eindrucksvoll den Ablauf einer Finanzausschußsitzung beschrieben. Zunächst soll dort ein Beschluß über den Bau eines Atommeilers gefaßt werden. Der Bau soll 10 Millionen Dollar kosten. Die Angelegenheit dauert gerade zweieinhalb Minuten. Anschließend wird über einen Fahrradunterstand für 2 350 Dollar gesprochen, allerdings 45 Minuten lang. Bei diesem Thema kann jeder mitreden, bei einem Atomreaktor nicht. Aus Frust darüber, so schildert es Parkinson, beweisen beim Fahrradunterstand alle ihre Fähigkeit, kostenbewußt zu denken. Möglicherweise werden beim Fahrradunterstand dann ganze 300 Dollar eingespart. In unserem Beispiel - Parkgebühren und Klärwerk - wird zuerst über die finanziell unbedeutende Sache und dann über das Millionenprojekt beraten. Dennoch haben wir das gleiche Phänomen. Wie beim Fahrradunterstand kann auch bei den Parkgebühren jeder mitreden. (Fast) jeder fährt Auto und hat auch schon einmal Parkgebühren bezahlt. Aber wer hat schon Ahnung von einem Klärwerk? Ob es nun 9 Millionen oder 12 Millionen DM kostet, wo ist da der Unterschied, und wer könnte beurteilen, welche Summe nun gerechtfertigt ist? Für uns Normalbürger sind beide Summen nicht so richtig zu fassen. In unserem Beispiel kommt noch hinzu, daß sich alle Ratsmitglieder bei der Diskussion um die Parkgebühren so richtig verausgabt haben. Haben sich doch alle für die Bürger engagiert. Nun benötigt man eine kleine Verschnaufpause, um sich zu erholen. Unter dem Tagesordnungspunkt 12 kommt schon die nächste Angelegenheit, bei der man sich ins Zeug legen muß: Die Benennung einer Straße. Das Beispiel gibt uns auch einen Hinweis darauf, wie wir die Tagesordnung für eine Sitzung gestalten müssen. Wenn wir unsere Millionenprojekte durchbringen wollen, müssen wir dem Rat genug anderes Futter liefern.

Eine lohnende Sache für den Rat ist es auch immer, Einzelfragen zu diskutieren. Man weiß es besser als die Verwaltung, wo ein Halteverbotsschild hin muß. Auch Anfragen an die Verwaltung nach bestimmten Einzelheiten sind sehr beliebt. Warum man denn für die Reinigung unserer Verwaltungsgebäude die Firma X und nicht die Firma Y beauftragt habe, will man wissen. Ein Ratsmitglied geht ja mit viel offeneren Augen durch die Stadt als ein Verwaltungsmitarbeiter. In der nächsten Ratssitzung kann man die Verwaltung fragen, warum die Straßenreinigung in der Beethovenstraße noch nicht erfolgt ist, und in der Berliner Straße liegen immer noch Müllsäcke herum, die unsere Müllabfuhr nicht abgeholt hat. Warum sind die Hecken im Stadtpark noch nicht geschnitten und überhaupt sind unsere Grünflächen in einem ungepflegten Zustand. Mit derlei Anfragen kann man zweierlei beweisen: Erstens zeigt es, daß man sich um das Gemeinwohl bemüht, wie sehr man sich doch für den Bürger einsetzt, und zweitens dient die Verwaltung erneut als Feindbild, der man Mängel nachweisen kann. Viele Ratsmitglieder sehen ihre Aufgabe einzig und allein in der Diskussion solcher Einzelfragen. Das große Gesamtkonzept wird nur von der Verwaltung gefordert, eines selbst beschließen mag man nicht. Es ist viel einfacher, sich mit dem Zustand unserer Straßen zu beschäftigen als mit einem Stadtentwicklungsplan.

Wir wissen nicht, was wir tun. Wir wissen auch nicht, was der Rat eigentlich von uns erwartet. Uns fehlen die klaren Vorgaben, und der Rat mischt sich in unsere Angelegenheiten ein, genauso wie wir Aufgaben des Rates übernehmen. Natürlich sind wir dazu da, Grundlagenmaterial zu liefern, auf dessen Basis der Rat seine Entscheidungen treffen kann. Aber die politische Arbeit können wir ihm nicht abnehmen, und er sollte uns die Verwaltungsarbeit überlassen. Das eine kann der Rat besser, das andere sollten wir besser können. Wir bräuchten eine sinnvolle Arbeitsteilung und eine von Vertrauen geprägte Zusammenarbeit. Stellen wir uns die Stadt als Privatunternehmen in der Form einer Aktiengesellschaft vor. Dann sind die Bürger unsere Gesellschafter und der Stadtrat der Aufsichtsrat. Die Verantwortungsaufteilung wäre klar: Der Aufsichtsrat bestimmt die Unternehmensphilosophie. Er legt fest, in welchem Umfang oder in welcher Fertigungstiefe wir Produkte erstellen. Er legt die Führungsstruktur und die Rahmenbedingungen für unsere Leistungen fest. Er würde bestimmte Ziele setzen, d. h. uns Leistungsaufträge erteilen, wobei wir die Leistungen (Produkte) nach Menge, Qualität, Zielgruppe und Kosten zu definieren hätten. Die Erfüllung der Leistungsaufträge würde er ständig kontrollieren und ggf. die Aufträge anpassen. Wir als Unternehmen hätten die Leistungsaufträge zu erfüllen, d. h. die Produkte zu erstellen und den Aufsichtsrat (die Politik) darüber zu informieren, ob wir die Aufträge erfüllen oder ob es Abweichungen gibt. In diesem System würde die Politik als Auftrag- und Kapitalgeber für die kommunalen Leistungen auftreten, die Verwaltung als deren Auftragnehmer. Die Politik wäre für das Was, die Verwaltung für das Wie der kommunalen Leistungen verantwortlich. Das System ist theoretisch schnell beschrieben. Seine Umsetzung in die Praxis ist weitaus schwieriger, schließt sie doch eine Verhaltensänderung auf beiden Seiten (Verwaltung und Politik) ein.

Erinnern wir uns an den produktbezogenen Haushaltsplan, den wir aufstellen wollen. Jeder Unterabschnitt beschreibt ein Produkt oder eine Produktgruppe mit Kosten, Erlösen, Zielgruppen, Quantität und Qualität. Der Haushaltsplan wäre nichts anderes als das, was er heute auch schon ist: Arbeitsauftrag an die Verwaltung. Nur mit dem Unterschied, daß die Politik uns auch einen Leistungsauftrag und genügend Freiraum für die Produktion erteilt hätte. Wir würden nicht mehr input-, sondern outputorientiert gesteuert. Weil die Verwaltung zunächst einmal die Produktdefinition vornimmt, der Rat dann den Leistungsauftrag erteilt, sprechen wir von einem Kontrakt, der zwischen Verwaltung und Rat abgeschlossen wird. Wenn wir frei sind in der Entscheidung, wie wir unsere Leistungen erbringen, müssen wir uns auch gefallen lassen, daß der Rat prüft, ob wir seinen Auftrag erfüllt haben. Controlling - nicht Kontrolle. Der Rat bleibt immer noch unser Hauptorgan; von einem eigentlichen Kontrakt kann deshalb nicht gesprochen werden. Er sollte uns allerdings nicht als seine Leibeigenen betrachten und uns den Freiraum für unsere Leistungserfüllung gewähren. Er hätte dann andererseits die Zeit und Möglichkeit, sich auf seine eigentlichen Aufgaben zu konzentrieren: die politischen Zielvorgaben zu beschließen. Das System ist nicht neu. Führung durch Zielvorgabe wird in vielen Unternehmen praktiziert. Ob es so ohne weiteres auf das Verhältnis zwischen Rat und Verwaltung übertragen werden kann, muß die Praxis zeigen. Einen Versuch ist es jedenfalls wert.

Dieses Führungsverhalten darf nicht vor den Toren der Verwaltung haltmachen. Aus den Zielen, die uns der Rat vorgibt, können wiederum Teilziele abgeleitet werden. Von der Verwaltungsführung über die Amts- und Abteilungsleiter bis hin zum Mitarbeiter können wir Zielvorgaben definieren. Wir arbeiten nicht mehr nach Einzelanweisungen, sondern richten uns nach bestimmten Zielen.

In meiner Ausbildungszeit hatte ich einen Vorgesetzten, der mich des öfteren darüber belehrte, daß es nicht heißen dürfe: „Als Anlage übersende ich Ihnen...“, sondern „In der Anlage übersende ich Ihnen...“ Natürlich hat er meine Briefe nicht unterschrieben, sondern mir zurückgegeben. Ich konnte sie neu schreiben. Damals war das Neuschreiben eine aufwendige Sache, Computer, mit denen man die Texte abspeichern konnte, waren weitgehend unbekannt. Bekam man einen Brief unverändert unterschrieben, war man stolz auf seine Arbeit. Noch besser wäre es allerdings gewesen, man hätte den Brief selbst unterschreiben dürfen. Denn wer etwas abschließend bearbeitet, sollte auch entscheiden und unterschreiben. Das war jedoch die Ausnahme. Der Chef wußte alles und vor allen Dingen alles besser, auch was Rechtschreibung oder Interpunktion betraf. Daß man mit der Zeit sich selbst nicht mehr die Mühe machte, seine eigene Schreibe durchzulesen, war die natürliche Folge. Man fühlte sich eben nicht mehr verantwortlich dafür. Vielleicht ist heute einiges besser geworden, aber wir steuern unsere Mitarbeiter immer noch durch Einzelanweisungen. Schon die Arbeitsteilung in unserem Paßamt beweist es: Der Sachbearbeiter nimmt die Anträge entgegen, der Vorgesetzte kontrolliert, unterschreibt und bearbeitet die grundsätzlichen Angelegenheiten, der Amtsleiter vielleicht die grundgrundsätzlichen. Wir lassen den Mitarbeitern keinen Handlungsspielraum. Oft ist ein Entscheidungsfreiraum schon durch die gesetzliche Vorgabe nicht möglich, aber wir engen den Mitarbeiter auch dadurch ein, daß wir ihm jedes Komma vorschreiben. Wie sie ihre Arbeit gestalten, sollten wir einmal den Mitarbeitern selbst überlassen. In der Industrie geht man weg von der Fließbandarbeit und schafft verantwortliche Produktteams. Warum nicht auch in der Verwaltung? Voraussetzung dafür ist allerdings, daß die Vorgesetzten begreifen, welche Funktionen sie eigentlich zu erfüllen haben. Nicht Einzelentscheidungen sollten sie treffen, sondern einen Handlungsrahmen für ihre Mitarbeiter schaffen. Auch Vorgesetzte hätten noch viel zu lernen. Wir brauchen ein Kontraktmanagement auch zwischen den Vorgesetzten und den Mitarbeitern. Warum soll man mit Mitarbeitern nicht vereinbaren können, wie sie die Öffnungszeiten und ihre Arbeitszeit gestalten, solange sie erfolgreich dabei sind? Dazu ist Umdenken auf beiden Seiten erforderlich. Beim Vorgesetzten und beim Mitarbeiter. Und beide Seiten müssen lernen, sich bei ihrer Arbeit gegenseitig zu vertrauen. Sicher ist es nicht leicht, einen Mitarbeiter, der zwanzig Jahre nur nach Einzelanweisungen gearbeitet hat, nun nach Zielvereinbarungen zu steuern. Er wird mit seiner neuen Freiheit zunächst nicht viel anfangen können. Diesen Veränderungsprozeß in Gang zu setzen, wird eine wichtige Vorgesetztenaufgabe sein. Versuchen wir`s doch.

8 Kontrolle ist gut - ist Controlling besser?

Das Rechnungsprüfungsamt prüft in jedem Jahr die Stadtkasse. Darüber wird ein umfangreicher Prüfungsbericht vorgelegt. Prüfungsgegenstand ist auch die Organisation der Kasse. Bei der Stadtkasse besteht eine Vollstreckungsabteilung, bei der auch Beamte im Außendienst eingesetzt werden. Die Beamten haben die Aufgabe, rückständige Forderungen der Stadt bei den Schuldnern einzutreiben. Die Vollstreckungsstelle wird auch von anderen Behörden im Wege der Amtshilfe in Anspruch genommen. Sie hat dann sogenannte fremde Einziehungsersuchen zu bearbeiten. Die machen bis zur Hälfte ihrer gesamten Aufträge aus. Das Rechnungsprüfungsamt hat bei seinen Prüfungen jeweils die Zahl der noch zu erledigenden Vollstreckungsaufträge in einer Zeitreihe festgehalten und festgestellt, daß diese in einem Zeitraum von sieben Jahren von 500 auf 2 600 angestiegen ist. Das Rechnungsprüfungsamt stellt fest, daß eine so große Zahl von unerledigten Vollstreckungsaufträgen mit einer ordnungsgemäßen Führung der Kassengeschäfte nicht mehr vereinbar ist. Es fordert (zu Recht) Konsequenzen. In seinem Prüfungsbericht stellt das Prüfungsamt weiter fest, daß die Stelle eines Außendienstmitarbeiters erst verspätet wieder besetzt wurde, was ebenfalls zu einer Vergrößerung der Rückstände beigetragen habe. Schon vor Jahren hatte das Hauptamt in diesem Teil der Stadtkasse eine analytische Personalbemessung durchgeführt und dabei festgestellt, daß die Zahl der Bearbeitungsfälle anderer Verwaltungen nicht erreicht wurde. Das Rechnungsprüfungsamt verweist auf die bestehende Diskrepanz zwischen den vom Hauptamt zugrunde gelegten Zahlen und den von den Beamten tatsächlich geleisteten Fällen. Soweit die Feststellungen des Rechnungsprüfungsamtes.

Das, was vom Rechnungsprüfungsamt hier gemacht wurde, ist die Kontrolle eines bestimmten Vorganges, jedoch mit erheblicher zeitlicher Verzögerung. Und dadurch, daß das Rechnungsprüfungsamt das Problem in seinem Bericht beschreibt, ist es noch keinesfalls gelöst. Jetzt geht die Schreiberei innerhalb der Verwaltung erst richtig los. Die Stadtkasse wird mitteilen, sie benötige zusätzliches Personal, das Hauptamt wird sich auf seine schon vor Jahren durchgeführte Untersuchung berufen, und das Personalamt wird erklären können, warum es keinen neuen Mitarbeiter einstellen konnte. Beschäftigen wir uns noch ein bißchen intensiver mit dem Vorgang:

Hat der Amtsleiter der Stadtkasse rechtzeitig erkannt, daß in seinem Amt ein Problem besteht? Wenn ja, hat er darauf richtig reagiert? Dadurch daß er „lediglich" neues Personal beantragt hat, wird deutlich, daß er die Gesamtverantwortung nicht tragen kann oder will. Kann nur durch zusätzliches Personal ein solches Problem gelöst werden? Stellen wir uns das Ganze in unserem neuen Modell vor: Wir haben die Leistungen, die in der Stadtkasse erbracht werden, als Produkte beschrieben. In diesem Fall nennen wir das Produkt „Einziehung von Forderungen." Die Produktbeschreibung haben wir um qualitative und quantitative Aussagen ergänzt. Der Amtsleiter weiß, daß ein Außendienstmitarbeiter 3 000 Aufträge im Jahr erledigen kann. Als Qualitätsmerkmal dient die Angabe, daß ein Auftrag spätestens in 3 Wochen erledigt und in 80 Prozent aller Fälle die Beitreibung erfolgreich ist. Nur bei 20 Prozent unserer Schuldner haben wir keinen Erfolg. Wir müssen unsere Forderung abschreiben. In einem Mitarbeitergespräch sind diese Ziele zwischen Amtsleiter und Mitarbeiter vereinbart worden. Natürlich sind dem Produkt auch Kosten zugeordnet und wir wissen, daß die Erledigung eines Vollstreckungsauftrages x DM kostet. Wenn wir uns diese Ziele gesetzt haben, müssen wir auch kontrollieren, ob wir sie erreicht haben oder erreichen können. Können wir die Ziele nicht erreichen, wissen wir aller Wahrscheinlichkeit nach auch warum. Wir tragen die Verantwortung für das Produkt, andere Ämter sind außen vor. Spätestens nach einigen Monaten berichten die Mitarbeiter ihrem Amtsleiter, ob sie die gesteckten Ziele erreichen. In unserem Beispiel also, ob die Aufträge fristgerecht und in der gewünschten Qualität erledigt werden können. Sind größere Rückstände aufgetreten oder hat sich die Bearbeitungszeit verlängert, muß der Amtsleiter gemeinsam mit seinen Mitarbeitern überlegen, wie das Problem beseitigt werden kann. Das wurde bisher auch schon getan, oder? Wurde geprüft, ob innerhalb des Amtes vielleicht Personalressourcen bestehen, ob es vielleicht sinvoller ist, einen Schuldner nicht so oft aufzusuchen, weil wir eh keinen Erfolg bei ihm haben oder wurde gar geprüft, ob der Arbeitsablauf verbessert werden kann? Der Amtsleiter fordert weiteres Personal mit dem Hinweis auf die gestiegenen Fallzahlen. Dies ist das einzige Kriterium, noch nicht einmal die Fallzahlen selbst werden zugrunde gelegt, nur ihre Veränderung ist Maßstab dafür, daß mehr Personal eingesetzt werden muß. In unserem neuen Modell braucht der Amtsleiter nicht lange Personal zu fordern, er wird es bekommen. Er wird aber darlegen müssen, wie sich die Produktkosten und die Qualität der Bearbeitung entwickelt haben. Anhand dieser Kennzahlen wird er sich einem Vergleich zu anderen aussetzen müssen. Kostet die Erledigung eines Vollstreckungsauftrages bei anderen 100 DM, warum kostet sie dann bei uns 150 DM? Ist die Qualität der Leistung besser oder schlechter? Über all diese Fragen ist er der Verwaltungsführung Antworten schuldig. Über all diese Fragen muß er auch mit seinen Mitarbeitern sprechen. Das alles muß er zeitnah durchführen, denn je länger er wartet, umso mehr verschlechtert sich sein Produktergebnis. Controlling - nicht Kontrolle.

In jedem Jahr legt das Rechnungsprüfungsamt auch einen Schlußbericht zur Rechnungslegung für das abgelaufene Haushaltsjahr vor. Der zeitliche Verzug ist groß. Er kann bis zu zwei Jahre betragen. Vergleichen kann man die Prüfung mit der Arbeit eines Wirtschaftsprüfers in einer GmbH oder Aktiengesellschaft, sie ist jedoch weitaus umfangreicher. Weil der Gesetzgeber vorschreibt, daß die Jahresrechnung auch dahingehend zu prüfen ist, „ob die Verwaltung sparsam und wirtschaftlich geführt worden ist", kann man in so eine Prüfung alles hineinpacken.

Bei einer solchen Prüfung stellt das Rechnungsprüfungsamt fest, daß der Wasserverbrauch für eine Toilettenanlage eines Markt- und Messeplatzes von 600 Kubikmetern auf 4 600 Kubikmeter innerhalb eines Jahres angestiegen ist. Da die Angelegenheit bei Erscheinen des Prüfungsberichts (nach zwei Jahren) noch nicht geklärt ist, wird das zuständige Amt zur Stellungnahme aufgefordert. Das Amt schreibt folgendes zurück:
„Nachdem die mit den Installationen auf unserem Marktplatz vertraute Firma bestätigt hat, daß vom Toilettengebäude aus keine Wasserleitungen nach außen führen, im Toilettengebäude selbst keine Schäden, die durch einen Wassereinbruch entstanden sein könnten, festgestellt wurden, und die Stadtwerke erklärt haben, daß bei der entsprechenden Wasseruhr keine Unregelmäßigkeiten festgestellt wurden, muß davon ausgegangen werden, daß das Wasser tatsächlich verbraucht wurde."

Soweit die Stellungnahme des Fachamtes. Der Wasserverbrauch wurde natürlich in voller Höhe bezahlt. Mit der Überprüfung der Angelegenheit wurde erst ein Jahr nach Rechnungsstellung begonnen. Was würden Sie privat tun mit einer Wasserrechnung, die um über 700 Prozent gestiegen ist? Jetzt hat das Rechnungsprüfungsamt den Fall aufgedeckt, das zuständige Amt nimmt dazu Stellung. Es erklärt, künftig den Wasserverbrauch besser zu überwachen. Ja und? Beim nächsten Mal ist es der Stromverbrauch und beim übernächsten Mal der Gasverbrauch. Wo keine Produktverantwortung ist, wird sich an der Einstellung der Mitarbeiter nichts ändern.

Noch eine Prüfung des Wasserverbrauchs hat das Prüfungsamt durchgeführt: Es stellt fest, daß der Wasserverbrauch in einem

Schwimmbad um 13 Prozent oder 5 000 Kubikmeter höher liegt als im Vorjahr. Damit befaßt sich sogar der Rechnungsprüfungsausschuß. Auch hier wird nie die Ursache geklärt werden. Ergänzend zu seinen Feststellungen führt das Rechnungsprüfungsamt aus:

„Schon jetzt ist festzustellen, daß dieser Vorgang auf folgende Schwächen hindeutet:

1. Sowohl das für die Anordnung der Wasserentgelte als auch für die Grundbesitzabgaben (Schmutzwassergebühr) zuständige Fachamt hat ungeachtet der Tatsache, daß ein um rund 5 000 Kubikmeter höherer Verbrauch als im Vorjahr vorlag, keine Veranlassung gesehen, dieser Tatsache nachzugehen und hat statt dessen nach dem Motto „hoch lebe der Vorgang" die Entgelte zur Auszahlung angewiesen.

2. Darüber hinaus drängt sich die Frage auf, weshalb im Rahmen einer kollegialen Zusammenarbeit der städtischen Organisationseinheiten es nicht möglich sein soll, daß das für die Veranlagung der Schmutzwassergebühr zuständige Fachamt schon bei der Veranlagung das für die Bezahlung zuständige Fachamt zumindest auf den auffallend hohen Sprung von über 5 000 Kubikmetern von einem Jahr zum anderen aufmerksam macht."

Zunächst kein übler Gedanke, wenn man auch die Stelle, die das Entgelt festsetzt, dazu aufruft, besser aufzupassen. Aber wo wird hier die Verantwortung abgeladen? Bei der Stelle, die die Gebühr festsetzt. Von der Verantwortung des Produkts Schwimmbad des Fachamtes ist nur am Rande die Rede. Der Vorgang wird so lange hochleben, so lange nicht das zuständige Fachamt für die Ressourcen verantwortlich gemacht werden kann. Wir können uns schon gut vorstellen, welche Stellungnahme die Veranlagungsstelle abgeben wird.

Sicherlich aus gutem Grund hat der Gesetzgeber vorgeschrieben, daß wir ein Rechnungsprüfungsamt einzurichten haben und aus ebenso gutem Grund hat er das Prüfungsverfahren stark reglementiert. Dennoch: Was bringen uns bestimmte Prüfungsfeststellungen, wenn nicht wirklich die Konsequenzen daraus gezogen werden? So eine Prüfung der Jahresrechnung ist eine aufwendige Geschichte. Der Prüfungsbericht umfaßt 100 Seiten und die Stellungnahmen der geprüften Ämter sind ebenso umfangreich. Das ganze geht dann in den Rechnungsprüfungsausschuß, neue Vorlagen werden präsentiert, es folgen ausgiebige Diskussionen zu dem einen oder anderen Thema. Ich bezweifele, daß es viel nützt. In der Verwaltung wird alles und jedes kontrolliert: Der Vorgesetzte kontrolliert die Arbeitszeit seiner Mitarbeiter, er kontrolliert die Schreiben, die sie fertigen, das Rechnungsprüfungsamt kontrolliert die Portokasse, das Hauptamt kontrolliert die Durchführung der Stadtratsbeschlüsse oder ob Anfragen der Ratsmitglieder beantwortet sind. Wir haben ein umfassendes Kontrollsystem in der Verwaltung aufgebaut. Nur eines kontrollieren wir nicht: Ob wir unsere Finanz- und Leistungsziele erreicht haben.

Das Rechnungsprüfungsamt bemängelt, daß defekte Parkscheinautomaten zu spät durch neue ersetzt werden. Dadurch sei der Stadt ein Einnahmeausfall in fünfstelliger Höhe entstanden. Nun kann ja ein solcher Defekt in einer geordneten Verwaltung überhaupt nicht vorkommen, jedenfalls nicht so, daß der Parkscheinautomat nicht repariert werden könnte. Bei der Anschaffung ist man davon ausgegangen, daß sie mindestens fünf Jahre halten, Reparaturen kann die Lieferfirma ausführen. Daran, daß ein Parkscheinautomat durch Vandalismus irreparabel zerstört werden könnte, haben wir nicht gedacht. Im Haushaltsplan stehen Mittel für neue Parkscheinautomaten deshalb nicht zur Verfügung. Das zuständige Amt kann auf die Kritik des Rechnungsprüfungsamtes leicht reagieren: Zunächst habe man ja außerplanmäßig Mittel beantragen müssen. Da der Finanzausschuß aber im Mai nicht getagt habe, konnten die Mittel erst im Juni zur Verfügung gestellt werden. Die anschliessende Auftragserteilung sei selbstverständlich nach den Vorschriften der Verdingungsordnung vorgenommen worden. Dazu sei ein zeitraubendes Ausschreibungsverfahren nötig. Als der Auftrag erteilt wurde, habe das Rechnungsprüfungsamt ihn bei der Prüfung eine Woche länger als gewöhnlich liegen lassen, weil dort zwei Mitarbeiter erkrankt waren. Der Auftrag konnte erst im Juli erteilt werden. Die Firma hatte zu diesem Zeitpunkt gerade Betriebsferien und danach Lieferschwierigkeiten. Wenn das nicht genug Gründe für die Verzögerung sind? Im übrigen habe man bei den letzten Haushaltsberatungen Mittel für Ersatzautomaten beantragt. Die seien aber vom Rat im Zuge der Haushaltskonsolidierungsmaßnahmen abgelehnt worden. So schließt sich der Teufelskreis. Reihum haben wir versucht, die Verantwortung abzuladen, sie ist aber nirgends hängengeblieben. Unser so schön aufgebautes Kontrollsystem hat versagt. Es erübrigt sich eigentlich, den Vorfall zu analysieren. Jedem Menschen mit gesundem Menschenverstand müßte klar sein, was zu geschehen hätte. Was tut eigentlich der private Betreiber einer Parkeinrichtung? Er ist auf die Einnahmen angewiesen, weil er damit seine Kosten decken muß. Wir sind es offenbar nicht.

Kontrolle ist gut - Controlling ist vielleicht besser. Warum interessiert es uns eigentlich, ob irgendjemand rechtzeitig Parkscheinautomaten beschafft hat? Das Interessante bei der Parkplatzbewirtschaftung sollte doch eigentlich sein, was unterm Strich dabei rausgekommen ist und ob die Benutzer zufrieden sind. Und wenn dabei der Betreiber die Gebühren manuell kassiert hat, dadurch daß er Mitarbeiter abgestellt hat und weil er die Fixkosten drücken wollte, könnte uns das auch egal sein. Es entspricht unserer Mentalität, alles besser wissen zu wollen. In der Theorie sind wir längst die besseren Manager.

Ob er im abgelaufenen Viertel-, Halbjahr oder Jahr erfolgreich war, darüber hat der Betrieb zu berichten und nicht darüber, ob er Automaten bestellt hat. Wenn wir wissen, ob der Betrieb seine Finanz- und Leistungsziele erreichen wird oder nicht, entscheiden wir, ob und was getan werden muß. Wenn wir sehen, daß wir Einnahmeverluste durch den Ausfall von Automaten haben, überlegen wir uns, was zu tun ist. Voraussetzung ist natürlich, daß wir davon wissen. Also hat der Mitarbeiter seinen Vorgesetzten, dieser wiederum ebenfalls seinen Vorgesetzten zu informieren. Berichtswesen nennt man das.

Aber mit den Berichten ist das so eine Sache. Die Kritiker werden fragen, ob wir in der Verwaltung noch nicht genug Papier produzieren, ob wir immer noch nicht in den Akten ersticken und ob wir die Arbeit noch komplizierter machen wollen. Recht haben sie, nämlich dann, wenn wir Berichte nach unserem bisherigen Verständnis fertigen. In der Verwaltung neigen wir dazu, alles und jedes zu Papier zu bringen. Wir sind erst dann erfolgreich, wenn wir mit viel Papier nachweisen können, was wir geleistet haben. Jeden Bericht beginnen wir bei Adam und Eva. Tausende von Aktenvermerken fertigen wir in der Verwaltung nur um festzuhalten, wer die Verantwortung für eine Angelegenheit trägt und wer einen Fehler gemacht hat. Das Schlimme daran ist, daß die Aktenvermerke nicht nur diktiert und geschrieben, sondern auch gelesen werden müssen. Es hilft alles nichts: Wenn wir erfolgreich „controllieren" möchten, brauchen wir Berichte, die uns über Erfolg oder Mißerfolg unserer Arbeit Auskunft geben. Nur, umfangreich müssen sie nicht sein. Der Mitarbeiter berichtet dem Abteilungsleiter, dieser dem Amtsleiter, dieser der Verwaltungsführung und die wiederum dem

Rat. Nach oben hin werden die Informationen verdichtet. Den Abteilungsleiter interessiert die Sache mit den Parkscheinautomaten noch, er muß sich darum kümmern, den Rat hat so etwas nicht zu interessieren. Aber wie hoch das Defizit oder der Überschuß ist, den die Einrichtung erwirtschaftet hat und warum das so ist, das müssen wir dem Rat schon berichten. Wir brauchen keine umfangreichen, aber aussagekräftige Berichte. Wie wäre es, wenn wir auf nur einer DIN A 4-Seite die Entwicklung der Kosten und Erlöse unserer Produkte, ihre Zahl und ihre Qualität viertel-, halbjährlich oder jährlich darstellen würden? Wenn wir dann noch bereit sind, aus den Ergebnissen die Konsequenzen zu ziehen, haben wir den Einstieg ins Controlling geschafft.

Es ist noch nicht allzu lange her, da haben die Rechnungsprüfungsämter die sogenannte Visakontrolle durchgeführt. Jede Auszahlungsanordnung, die der Stadtkasse zugeleitet wurde, ist vorher zum Rechnungsprüfungsamt gegangen und dort geprüft worden. Das Rechnungsprüfungsamt hat dann des öfteren festgestellt, daß man sich beim Skontoabzug um 0,50 DM verrechnet hat. Zu unseren Ungunsten natürlich. Diesen Unsinn hat man Gott sei Dank weitgehend abgeschafft. Noch immer aber prüfen Rechnungsprüfungsämter, ob die Sammelnachweise richtig verteilt wurden. Bei der Verteilung der Sammelnachweise handelt es sich ausschließlich um einen buchungstechnischen Vorgang. Vielleicht wurden einer Haushaltsstelle 10 DM zuviel oder der anderen Haushaltsstelle 10 DM zu wenig zugeordnet. Eine wahrhaft sinnvolle Kontrolle unseres Verwaltungshandelns. Es gibt noch weitere Beispiele. Vielleicht kommt man irgendwann einmal dazu, auch diesen Unsinn abzuschaffen. Auch die Rechnungsprüfer fragen sich nach ihrer Existenzberechtigung in einem neuen Steuerungsmodell. Keine Angst, ihr Rechnungsprüfer: Abschaffen sollte man die Prüfungsämter nicht. Es wird ja auch gute Arbeit dort geleistet. Aber überlegen, ob wir nicht statt vieler Prüfer in einem zentralen

Prüfungsamt, in den Fachämtern Controller einsetzen, sollten wir schon. Damit haben wir auch die Frage beantwortet, wo Controlling zuerst einsetzen sollte. Im Fachamt natürlich. Denn schon gibt es Überlegungen, zentrale Controllingstellen zu schaffen, die für alle Fachämter zuständig sind. Wir hätten nichts anderes als unsere jetzigen Prüfungsämter. Wer ist näher am Betriebsgeschehen als der Betrieb selbst? Controlling muß deshalb in den Fachbereich, ebenso wie die Kostenrechnung. Es ist eine Aufgabe, die auch nicht von Servicestellen wahrgenommen werden kann. Controlling ist Führungsaufgabe, sie gehört in die Hände der Vorgesetzten. Eine vernünftige Aufgabe für unsere Amtsleiter.

9 Büro, Büro

Ein Schüler, der in der Sportunterrichtsstunde mit seiner Klasse das Hallenbad besuchte, verrichtete seine Notdurft im Umkleideraum, weil die Toilette besetzt war. Eine städtische Gesellschaft ist Trägerin und Betreiberin des Hallenbades. Sie mußte eine Reinigungskraft herbeirufen, die die Verunreinigung beseitigte. Das verursachte Kosten in Höhe von 66 DM. Auf den Kosten wollte die Gesellschaft nicht sitzenbleiben, also schickte sie eine Rechnung an das Schulamt der Stadtverwaltung. Das Schulamt sah sich mit der Rechnung überfordert und bat die Schule um eine schriftliche Stellungnahme. Die Schule schrieb zurück: „Es war für die Lehrkräfte nicht vorhersehbar, daß aus dieser Angelegenheit ein Schriftwechsel und Kosten hervorgehen würden, denn seitens des Hallenbades wurde ihnen erklärt, man wolle kein großes Aufheben machen und die Sache unter sich bereinigen." Damit konnte sich das Schulamt aber nicht zufrieden geben, denn wer sollte die Kosten nun übernehmen? Es schaltete das Rechtsamt ein. Das Rechtsamt prüfte die Sache und teilte mit, daß Schadensersatzansprüche gegen die Eltern wenig Aussicht auf Erfolg hätten. Das Schulamt saß nun immer noch auf der unbeglichenen Rechnung. Für solche „Notstände" stehen im Haushaltsplan keine Mittel zur Verfügung. Es schaltete daraufhin das Hauptamt ein, das ja schließlich die Haushaltsstelle „Reinigungskosten" bewirtschaftet und bat um Begleichung der Rechnung. Das Hauptamt wiederum wollte ebenfalls nicht die Kosten übernehmen und schickte die Rechnung an das Schulamt mit der Begründung zurück, die im Haushaltsplan zur Verfügung stehenden Gelder für Reinigung seien ausschließlich für die Beschaffung von Reinigungsmaterial vorgesehen, nicht jedoch für solche Fälle. Im übrigen seien die Mittel dieser Haushaltsstelle erschöpft. Wie die ganze Sache ausgegangen ist, weiß ich nicht, aber für Kosten von 66 DM wurde ein Aufwand betrieben, der die Schadenssumme bei weitem übersteigen dürfte.

Gerade Politiker fordern immer wieder, daß bestimmte Dinge unbürokratisch abgewickelt werden. Insbesondere dann, wenn Menschen in Notlagen sind, wird unbürokratische und schnelle Hilfe gefordert. In allen anderen Fällen dürfen wir Bürokraten sein. Bürokratisch bedeutet ja nun formgebunden, sich an ein bestimmtes Regelwerk zu halten. Unbürokratisch würde demnach heißen, daß wir uns über alle Vorschriften und Gesetze hinwegsetzen sollen. So kann es ja wohl nicht gemeint sein, schon deshalb nicht, weil uns ja gerade die Politiker dieses Regelwerk verpaßt haben. Wir verhalten uns also so, wie es das Regelwerk erlaubt. So gefangen, wie wir darin sind, können wir gar nicht anders, als Dinge so lange abzuschieben, bis sie sich von selbst lösen. Wickeln wir also die Dinge weiterhin bürokratisch ab. Vielleicht sollten wir das Regelwerk ein wenig ändern, dahingehend, daß wir mehr Handlungs- und Gestaltungsfreiheit haben. Eventuell käme der Sachbearbeiter im Schulamt dann auf die Idee, die Rechnung ohne viel Aufhebens zu bezahlen, besser noch, die Gesellschaft würde erst gar keine Rechnung schreiben.

Eine Verwaltung stellt einem Bürger einen Führerschein aus. Der aber hat einen kleinen Schönheitsfehler: Obwohl die neuen Postleitzahlen seit Monaten gelten, trägt der Führerschein noch die alten. Die Verwaltung kassiert eine Gebühr von 64,50 DM. Der Bürger ist über die Qualität der Leistung nicht erfreut. Er verlangt einen neuen Führerschein. Die Verwaltung bietet ihm dies für eine Gebühr von 30 DM an. Das lehnt der Bürger ab und wendet sich hilfesuchend an den Landrat. Der aber ist nicht zuständig und kann deshalb für den Bürger nichts tun. Der Bürger beschwert sich nun bei der zuständigen Aufsichtsbehörde. Die schreibt ihm, natürlich nach Prüfung der Angelegenheit und Rückfrage bei der Verwaltung, folgenden Brief:

„Sehr geehrter Herr..,

wir teilen Ihre Auffassung, daß bei Ausstellung eines Führerscheins die jeweils dann neue gültige Postleitzahl einzutragen ist.

Da jedoch schon aus Kostengründen die Verwaltungen gehalten sind, noch vorhandene Führerscheinvordrucke mit alter Postleitzahl zunächst aufzubrauchen, sollte bei Ausstellung eines neuen Führerscheins die alte Postleitzahl durch die neue Postleitzahl ersetzt werden. Insoweit wird auch Ihre Stadtverwaltung bei Vorlage Ihres Führerscheins dies gebührenfrei berichtigen.

Ein Rechtsanspruch Ihrerseits auf Ausstellung eines neuen Führerscheins auf neuem Vordruck mit der eingedruckten neuen Postleitzahl besteht nicht.

Wir dürfen Sie daher bitten, Ihren Führerschein bei Ihrer Stadtverwaltung vorzulegen, die ihrerseits dann für Sie kostenfrei die alte Postleitzahl in die neue gültige Postleitzahl abändert. Weder die alte noch die neue Postleitzahl hat Auswirkungen auf die Berechtigung der erteilten Fahrerlaubnis, so daß auch Ihrerseits keine Verpflichtung besteht, die Änderung der Postleitzahl zu betreiben.

Wir bitten um Verständnis, daß wir aus den vorgenannten Gründen Ihre Stadtverwaltung nicht veranlassen können, Ihnen einen neuen Führerscheinvordruck gebührenfrei auszustellen."

Wie heißt es doch so schön: „Der Kunde ist König." Aber darum geht es nicht bei einer Stadtverwaltung. Wir haben Gesetze auszuführen und alle Bürger vor dem Gesetz gleich zu behandeln. Wenn nun noch einer käme und wollte einen neuen Führerscheinvordruck und noch einer, im Nu hätte sich dies herumgesprochen und wir könnten unsere alten Vordrucke wegwerfen. Also nehmen wir doch lieber den Konflikt in Kauf. Wir wissen ja, daß auch bei der Aufsichtsbehörde Beamte sitzen, die genauso denken wie wir. Recht muß halt Recht bleiben. Ob der zuständige Sachbearbeiter weiß, was so ein neuer Führerscheinvordruck kostet? Ob er auch weiß, was schließlich das ganze Verfahren und die Schreiberei gekostet hat? Jedenfalls weitaus mehr als so ein Führerscheinvordruck. Wahrscheinlich hat der Sachbearbeiter noch nie etwas von dem Wort „Kulanz" gehört, das in einem Privatbetrieb des öfteren mal benutzt wird, um Kunden zufriedenzustellen. Auch wenn es im Augenblick etwas aufwendiger zu sein scheint. Wenn der Sachbearbeiter all das nicht weiß; er kennt die Rechtsvorschriften, und die Aufsichtsbehörde bestätigt ihm, daß er im Sinne unserer Vorschriften korrekt gehandelt hat.

Am Anfang stand eine Idee: Städtische Mitarbeiter, die mit dem Pkw zur Arbeit kommen und auf einem städtischen Parkplatz ihr Auto abstellen, sollten eine geringe Jahresgebühr dafür bezahlen. Mit dem Geld sollte umweltfreundliches Verhalten der Mitarbeiter unterstützt werden, sei es, daß man überdachte Fahrradständer anschafft oder auch Zuschüsse für die Busfahrkarte gewährt. Eine Sache, die mit dem Personalrat vereinbart werden sollte. Der Personalrat sollte auch darüber entscheiden, wie die eingenommenen Gelder verwendet werden. Weil die Parkplätze bisher kostenlos zur Verfügung standen, fürchtete der Personalrat den Widerstand der autofahrenden Mitarbeiter. Er stimmte einer Vereinbarung nicht zu. Die Verwaltung setzte sich darüber hinweg und führte dennoch eine Gebührenpflicht ein. Als erste Maßnahme wollte sie nun einen überdachten Fahrradständer anschaffen und ihn vor dem Rathaus aufstellen. Aber ein solches Bauwerk bedarf der Baugenehmigung und weil es im öffentlichen Verkehrsraum steht, müssen auch andere ihr Einverständnis erklären. Die Stadtwerke wiesen deshalb darauf hin, daß unter dem geplanten Standort ihre Gasleitungen verlaufen. Zwar so tief, daß sie von den Fundamenten des

Fahrradständers nicht berührt werden, aber für den Fall, daß man an die Leitungen einmal heran muß, wollte man die Verantwortung auch nicht übernehmen. Der Bauherr sollte für einen solchen Fall eventuelle Mehrkosten übernehmen. Die Verwaltung setzte sich über die Bedenken hinweg. Aber der Fahrradständer konnte noch immer nicht beschafft werden. Zuerst mußte man sich mit dem Ordnungsamt als Straßenverkehrsbehörde abstimmen. Weil eine einzige öffentliche Stellfläche wegfiel, hatte das Ordnungsamt naturgemäß seine Bedenken. Nach langem hin und her konnte schließlich eine Einigung erzielt werden. Weil so ein Fahrradständer auch ein paar Mark kostet, kann man ihn nicht einfach in Auftrag geben. Zunächst muß nach den Vorschriften der Verdingungsordnung für Bauleistungen eine Ausschreibung vorgenommen werden. Der günstigste Anbieter soll dann den Auftrag bekommen. Natürlich prüft des Rechnungsprüfungsamt den Vorgang, bevor der Auftrag erteilt wird. Bei seiner Prüfung stellt es fest, daß die Mittel zwar vorhanden sind, aber nicht auf der richtigen Haushaltsstelle. Im Haushaltsplan muß eine neue Haushaltsstelle gebildet, außerplanmäßige Mittel müssen bereitgestellt werden. Es ist eigentlich ein simpler Umbuchungsvorgang. Über die außerplanmäßige Bereitstellung von Haushaltsmitteln, auch wenn die Deckung gesichert ist, kann jedoch nicht die Verwaltung entscheiden: Zuständig ist der Finanzausschuß. Es wird eine Beratungsvorlage geschrieben, im Finanzausschuß diskutiert man vielleicht längere Zeit über die Angelegenheit. Seit die Idee geboren wurde, ist inzwischen ein Jahr vergangen. Es ist kein Witz, das alles spielt sich innerhalb nur einer Behörde ab.

Darf es ab und zu mal ein bißchen freundlicher sein? Ein Kunde hat in einem Parkhaus einen Parkplatz gemietet. Für das neue Jahr muß er im voraus die Parkgebühr bezahlen. Das hat er aber nicht getan, weil er glaubte, der Verwaltung eine Einzugsermächtigung erteilt zu haben. Also muß die Verwaltung den fälligen Betrag anmahnen. Wie wir es gelernt haben, müssen wir als Verwaltungsleute zunächst den Sachverhalt prüfen und feststellen. Dies teilen wir dem Bürger mit: „Sie haben einen Dauerparkplatz in unserem Parkhaus angemietet." Schon dieser Satz muß den Bürger einschüchtern und niederschmettern. Jetzt weiß er wenigstens, um was es geht. „Die seit November fällig gewordene Parkgebühr ist von Ihnen bis zum heutigen Tag nicht bei uns eingegangen." Richtig müßte es eigentlich heißen „von Ihnen bis zum heutigen Tag nicht entrichtet worden", aber auch dieser Satz zeigt unsere Einstellung. Wir sind schließlich die Behörde, und man kann es sich doch nicht erlauben, einfach eine Gebühr nicht zu bezahlen. Jetzt bitten wir (immerhin!) darum, daß der Betrag innerhalb der nächsten 14 Tage überwiesen wird. Dann kommt der Satz, der den Bürger völlig am Boden zerstören muß: „Sollten Sie nicht bezahlen, werden wir das Dauerparkticket sperren." Jetzt muß der Bürger angekrochen kommen und um Entschuldigung flehen, sonst ist sein Ticket futsch. Schließlich warten noch einhundert andere Kunden darauf, von uns ein Ticket kaufen zu dürfen. Ist das die Art und Weise, wie wir unsere Leistungen verkaufen? Warum wundern wir uns noch, daß wir einen so schlechten Ruf bei den Bürgern haben? Sicherlich nur ein Beispiel, aber es gibt etwas von unserer Einstellung wieder und davon, wie wir Produkte vermarkten. Was würden wir uns vergeben, wenn wir eine freundliche Erinnerung schrieben? Vielleicht können wir gar nicht anders, weil wir es nie gelernt haben.

Wir spielen Büro, und da wir ab und zu falsch spielen, gibt es Leute, die uns auf die Finger klopfen sollen. In unserem Land gibt es einen Bürgerbeauftragten. An den kann der Bürger sich mit seinen Problemen wenden, wenn er Konflikte mit einer Behörde hat. An und für sich ist der Bürgerbeauftragte eine nützliche Einrichtung. Wenn ein Bürger vorgesprochen und sein Problem geschildert hat, fordert er die zuständige Verwaltung in aller Regel zur Stellungnahme auf. Eine direkte Einwirkungsmöglichkeit auf die Entscheidung der Verwaltung hat er meistens nicht. Viele Bürger suchen den Bürgerbeauftragten auf, der am Jahresende einen Bericht darüber vorlegt, wieviele Eingaben er bearbeitet hat. Oftmals geht es um so banale Dinge wie Verkehrsangelegenheiten. Ein Autofahrer, der falsch geparkt hat und dafür ein Verwarnungsgeld von 20 DM bezahlen muß, kommt bei der Verwaltung nicht weiter. Er findet irgend etwas im Verfahren, mit dem er sich an den Bürgerbeauftragten wenden kann. Die Verkehrsüberwachungskräfte marschieren mit Handcomputern und Vordrucken bewaffnet auf der Suche nach Falschparkern los. Es gibt mehr als eintausend Bußgeldtatbestände nach dem vorgegebenen Bußgeldkatalog. Auf dem Vordruck sind aus Platzgründen aber nur die wichtigsten aufgedruckt. Hin und wieder druckt der Computer eine Tatbestandsnummer aus, die der Vordruck nicht erläutert. In diesem Fall kann der Bürger sich an die Verwaltung wenden und bekommt selbstverständlich Auskunft über sein verkehrswidriges Verhalten. Doch nicht immer ist es damit getan. Mancher Bürger wendet sich dann an den Bürgerbeauftragten. Er ist der Auffassung, es könne doch nicht angehen, daß er aus dem Vordruck seinen Verwarnungsgeldgrund nicht erfahren kann. Der Bürgerbeauftragte bittet die Verwaltung um Stellungnahme. Die erklärt ihm, daß man schon aus Platzgründen nicht den ganzen Katalog auf dem Vordruck abbilden könne. Damit ist das Verfahren aber nicht abgeschlossen. Der Bürgerbeauftragte bittet in einem erneuten Schreiben an die Verwaltung um Prüfung, inwieweit es möglich ist, für verschiedene Tatbestände verschiedene Vordrucke zu verwenden. Damit wäre gewährleistet, daß auf der Rückseite des Verwarnungsgeldbescheides jeder Tatbestand festgehalten und für den Betroffenen entsprechend den gesetzlichen Vorschriften die Begründung nachvollziehbar ist. Wenn die Verwaltung diesem Vorschlag folgt, wird die Verkehrsüberwachungskraft in Zukunft mit einer ganzen Aktenmappe voll von Vordrucken losmarschieren und ihren Dienst versehen. Wir sind wahrlich zu Bürokraten geworden. In tausenden Fällen hat sich das bisherige Verfahren bewährt. Weil wir einen Fall nicht unbürokratisch behandeln können, bauen wir uns ein umständliches System auf, das nur ja alle denkbaren Alternativen berücksichtigt. Der Bürgerbeauftragte verfolgt ja auch eine ganz bestimmte Zielsetzung. Das könnte zu folgendem Fall führen: In einem öffentlichen Park ist ein Weg für Fußgänger und Radfahrer zugelassen. Ein Fußgänger beschwert sich, die Radfahrer nähmen keine Rücksicht. Als Fußgänger könne man den Weg nicht mehr ungefährdet benutzen. Es folgt das übliche Verfahren mit Beschwerden zunächst bei der Verwaltung und schließlich beim Bürgerbeauftragten. Der schlägt der Verwaltung vor, den Weg mit einem Schild für Radfahrer zu verbieten. Die Verwaltung folgt diesem Vorschlag, aber es dauert nicht lange, bis wir wieder Post vom Bürgerbeauftragten bekommen. Diesmal hat sich ein Radfahrer beschwert, der, weil er den Weg nicht mehr benutzen darf, sich auf der Hauptverkehrsstraße gefährdet sieht und darum bittet, man möge doch den Parkweg wieder für Radfahrer freigeben. Man kann es eben nicht allen rechtmachen. Aber wenn wir mehr und mehr fremdbestimmt werden, bei unseren Entscheidungen alle möglichen Gruppen, Beiräte und Beauftragte hören müssen, werden wir es bald keinem mehr rechtmachen können. Dabei spielt die Art und Weise, wie wir das tun, eine große Rolle. Wie wäre es, wenn wir, anstatt jedem zu schreiben und auf seine Stellungnahme warten, alle an einen Tisch holen und versuchen würden, eine einvernehmliche Regelung zu erzielen? Eine solche Arbeitsweise ist uns in der Verwaltung noch weitgehend fremd. Wir brauchen ja ein Stück Papier, auf dem der andere erklärt hat, was er will. Damit haben wir auch dokumentiert, wer verantwortlich für eine Entscheidung ist. Nicht wir, wir hätten ja anders, aber bitte schön, schauen Sie mal auf die uns vorliegende Stellungnahme.

Im Ordnungsamt sind Verkehrsüberwachungkräfte im Außendienst eingesetzt, die den ruhenden Verkehr überwachen. Die laufen den ganzen Tag durch die Stadt und kontrollieren. Abends spielen sie die erfaßten Daten aus ihrem Handcomputer in die EDV-Anlage der Verwaltung. Die weitere Bearbeitung erfolgt durch Sachbearbeiter des Innendienstes. Die stellen die Bescheide aus, führen den Schriftverkehr usw. Wenn ein Bürger sich beschwert, muß er das in der Verwaltung tun, nicht beim Außendienstmitarbeiter. Weil gerade ein Parkscheinautomat defekt war, bekommt der Bürger ein Verwarnungsgeld. Er geht zur Verwaltung, aber dort kann man ihm nicht helfen, weil man ja erst den zuständigen Außendienstmitarbeiter befragen muß. Wir könnten natürlich die Trennung von Aussendienst und Innendienst aufheben. Derjenige, der eine Verwarnung ausstellt, könnte sie auch weiterbearbeiten. Das hätte nicht nur Vorteile für den Bürger, sondern auch für den Verwaltungsmitarbeiter, der einen Fall vom Anfang bis zum Ende bearbeiten könnte.

Wenn Sie ein Haus bauen, beauftragen Sie einen Architekten. Wenn die Verwaltung etwas baut, beauftragt Sie ebenfalls einen Architekten. In der Regel ist das ein Mitarbeiter des städtischen Hochbauamtes. Bei Ihrem Hausbau machen Sie dem Architekten bestimmte Vorgaben. Sie sagen ihm, wie teuer das Haus werden darf und entwickeln erste Vorstellungen über Größe und Anzahl der Räume, die Raumaufteilung usw. Der Architekt wird Sie beraten und in dem einen oder anderen Fall darlegen, warum er bestimmte Dinge anders sieht als Sie. Dennoch bleiben Sie der Bauherr und treffen letztlich die Entscheidungen. Ob Sie Ihre Diele mit einem Marmorfußboden oder einem Teppichboden auslegen wollen, entscheiden Sie, ebenso ob Ihr Wohnzimmer 40 oder 60 qm groß sein soll. Würden Sie alle Entscheidungen dem Architekten überlassen, könnten Sie zum Schluß Ihr Haus wahrscheinlich gar nicht mehr bezahlen. Aber weil es Ihr Geld kostet, schauen Sie dem Architekten auf die Finger. In der Verwaltung läuft da so manches anders, um nicht zu sagen, unnormal. Wenn ein Kindergarten gebaut wird, wäre das Jugendamt zuständig, also der Bauherr. Tatsächlich aber übernimmt das Hochbauamt die Bauherrenfunktion. Es entscheidet letztlich darüber, wie der Bau ausgeführt werden soll. Der Einfluß des Bauherrn auf das Projekt ist nur gering. Immer wieder sind bautechnische Gründe dafür ausschlaggebend, warum etwas so und nicht anders gemacht werden muß. Die Kosten interessieren nur am Rande. Wenn der Kostenrahmen überschritten wird, muß halt neues Geld beantragt werden. Das Hochbauamt interessiert nur die bautechnische Seite der Maßnahme. Wen wundert es da, wenn wir bei öffentlichen Baumaßnahmen ständig Kostenüberschreitungen beklagen? Oft wird bei solchen Maßnahmen auch ein freier Architekt eingeschaltet. Dann tritt der Bauherr mit seinen Vorgaben noch weiter in den Hintergrund. Die Abwicklung mit dem Architekten erfolgt durch die Bauverwaltung. Die prüft auch, was eigentlich Aufgabe des Architekten wäre: die Abwicklung und Abrechnung durch die Handwerker. Dem Architekten wird einige Arbeit abgenommen. Die Mitarbeiter der Bauverwaltung arbeiten ihm zu, manches wird auch doppelt erledigt. Deswegen ist aber das Architektenhonorar nicht geringer. Zahlen über die schon entstandenen Kosten während der Bauausführung fließen nur spärlich zum Bauherren. Maßnahmen für eine Kostenreduzierung sind durch ihn kaum möglich. Er fühlt sich auch gar nicht verantwortlich für die Maßnahme. Anträge auf zusätzliche Mittel beginnen oft mit dem Satz: „Nach Mitteilung der Bauverwaltung müssen für den Bau des Kindergartens x DM zusätzlich bereitgestellt werden." Auf diese Art und Weise entstehen manchmal Prunkbauten, wo ein einfacher Zweckbau sinnvoller wäre. Die Bauverwaltung berücksichtigt nicht nur die Anforderungen des Bauherrn (Kunden), sondern läßt auch andere Erwägungen mit in die Überlegungen einfließen, z. B. städtebauliche Gesichtspunkte oder Umwelterfordernisse.

Für das Baubetriebsamt ist eine neue, zusätzliche Fahrzeughalle erforderlich. Der Baubetriebsamtsleiter bittet den Hochbauamtsleiter um eine Kostenschätzung, damit Mittel dafür im nächsten Haushalt eingestellt werden können. Das Hochbauamt schätzt die Kosten auf 2 Millionen DM. Das ist dem Baubetriebsamt zu teuer. Deshalb schaut es sich auf dem „Markt" um und stellt fest, daß es für seine Zwecke auch eine Halle in Fertigbauweise tut. Geschätzte Kosten: 800 000 DM. Darauf angesprochen, argumentiert das Hochbauamt, daß eine solche Halle städtebaulich nicht in das Gebiet passe. Baurechtsbeschränkungen in dem Gebiet bestehen allerdings nicht. Es kann durchaus sein, daß das Hochbauamt sich mit seiner Meinung durchsetzt. Dann werden dem Gebührenzahler (Müllabfuhr, Straßenreinigung usw.) rund 1,2 Millionen DM Mehrkosten aufgelastet, nur weil das Hochbauamt städtebauliche Gesichtspunkte berücksichtigt haben will. Das Baubetriebsamt muß die zusätzlichen Kosten in seiner Gebührenbedarfsberechnung berücksichtigen. Da es ein Monopolbetrieb ist, ist es ja nicht so schlimm, wenn der Gebührenzahler 1 DM mehr für die Reinigung seiner Straße bezahlen muß. Würde ein Privatunternehmer sich so etwas von seinem Archtitekten gefallen lassen? Wohl kaum.

Das Verfahren bei Baugenehmigungen ist hinreichend bekannt. Wenn ein Bauherr einen Bauantrag stellt, wird er nicht nur von der Bauaufsichtsbehörde geprüft, es müssen zudem noch die Stellungnahmen von allen möglichen Institutionen berücksichtigt werden: Das Wasserwirtschaftsamt, das Gewerbeaufsichtsamt, das Straßenverkehrsamt usw. Aber auch verwaltungsintern sind eine Reihe von Ämtern einzuschalten. Das Planungsamt wird gehört, ob der Bebauungplan eingehalten wird, das Tiefbauamt nimmt Stellungnahme zur Erschließung, das Ordnungsamt bei Gewerbebetrieben, ebenso das Wirtschaftsförderungsamt. Der Umweltschutzbeauftragte darf natürlich nicht übergangen werden und wenn das Bauvorhaben in einem Vorort liegt, wird der Ortsbeirat eingeschaltet. Sind die Belange der Stadtplanung tangiert, muß in bestimmten Fällen der Rat seine Zustimmung erteilen, und die Feuerwehr sagt etwas zum Brandschutz. Man könnte die Liste beliebig fortsetzen. Alle Beteiligten werden (auch verwaltungsintern) nicht etwa an einen Tisch geholt, sondern nach und nach zur schriftlichen Stellungnahme aufgefordert. Das dauert eine ganze Weile, und bis der Bauherr seine Genehmigung hat, können schon mal einige Monate ins Land gehen. Wenn alle zustimmen, geht es noch. Schlimmer wird es, wenn die eine oder andere Stelle Bedenken gegen das Vorhaben anmeldet. Dann geht die Schreiberei erst richtig los. Und jeder betrachtet die ganze Angelegenheit nur aus seiner Sicht. Was eigentlich erreicht werden soll, bleibt außen vor, ebenso die politische Zielsetzung. Die Ansiedlung eines Gewerbebetriebes kann ja durchaus gewollt sein. Daß dann unter Umständen ein Konflikt mit anderen Zielen entsteht, ist auch klar. Wie die einzelnen Ziele allerdings zu gewichten sind, wird nicht verraten. Durch die viele Schreiberei wird das Problem letztlich nicht gelöst. Wir bräuchten eine andere Organisation der Zusammenarbeit. Nicht mehr in bestimmten Zuständigkeiten, sondern produktbezogen, also vom Ergebnis her, müssen wir denken. Unsere bisherige Ämterstruktur taugt nicht allzuviel dazu. Warum kann man nicht eine ämterübergreifende Konferenz einberufen, alle Gesichtpunkte zum Bauantrag werden eingebracht und dann wird (evtl. gemeinsam) entschieden.

Das Verhältnis der Kommunen zu ihren Bürgern ist schwieriger geworden. Die Bürger verlangen angesichts teuerer werdender Leistungen ein faires Preis-/Leistungsverhältnis. Sie verlangen aber auch eine effektive Verwaltungsorganisation. Sie wollen möglichst nur einen Ansprechpartner in der Verwaltung, der sich um ihre Angelegenheit kümmert. Daß die Kunden dies wünschen, haben wir allerdings bis heute noch nicht bemerkt. Noch immer haben wir die Strukturen wie vor dreißig Jahren. Wir haben in der Verwaltung alle Aufgaben schön verteilt und eine Ämterstruktur daraus gebastelt. Eingesperrt in diese Struktur, verrichten die Mitarbeiter ihren Dienst, so gut sie eben können.

10 Bürgerbüros?

Es ist noch gar nicht so lange her, da war das Meldewesen in unserem Land staatliche Aufgabe und wurde bei den Polizeipräsidien bearbeitet. Wenn Sie sich also ummelden wollten, mußten sie zum Polizeipräsidium gehen, auch Ihren Ausweis oder Reisepaß bekamen Sie dort. Die Polizei war zwar mit den modernsten Computern ausgestattet, aber Geld für ein paar Vordrucke hatte sie nicht. Wenn Sie dort vorsprachen und sich anmelden wollten, wurden Sie wieder weggeschickt, denn Sie mußten einen Anmeldevordruck mitbringen. Den bekamen Sie für 15 Pfennig im nächsten Schreibwarengeschäft. Erst wenn Sie einen solchen Vordruck ausgefüllt mitbrachten, war man bereit, den Anmeldevorgang zu bearbeiten. Die Aufgabe wurde dann irgendwann auf die Kommunen übertragen. Die konnten sich die Vordrucke leisten und sogar umsonst ihren Bürgern zur Verfügung stellen. Dennoch: So eine Anmeldung hat auch heute noch ihre Tücken. Wenn Sie in eine andere Stadt umgezogen sind, wollen Sie sich nicht nur ummelden, sondern noch andere Angelegenheiten erledigen. Sie haben so einige Behördengänge vor sich.

Sie wissen, daß die Behörden nur vormittags geöffnet haben und nehmen sich deshalb einen Tag Urlaub. Zunächst gehen Sie zum Ordnungsamt, weil Sie sich anmelden wollen. Dort ist die Einwohnermeldestelle, und wenn Sie Glück haben, müssen Sie höchstens 20 Minuten warten. Die Anmeldung ist relativ problemlos, vorausgesetzt, Sie haben sich in Ihrem bisherigen Wohnort ordnungsgemäß abgemeldet und können eine Abmeldebestätigung vorlegen. Weil Sie in Ihrem Reisepaß den neuen Wohnort eintragen lassen möchten, gehen Sie nun zur Paßstelle. Die Änderung wird vorgenommen, aber Sie müssen eine Gebühr dafür bezahlen. Man schickt Sie zunächst zur Gebührenkasse, danach können Sie Ihren geänderten Reisepaß abholen. Führerschein? Na klar - nächste Station. Ihr Auto muß ebenfalls umgemeldet werden, deshalb machen Sie sich auf den Weg zur Kraftfahrzeugzulassungstelle. Dort ist immer viel Betrieb. Wartezeit, wenigstens eine halbe Stunde. Natürlich haben Sie Ihren Kraftfahrzeugschein dabei, und man nimmt die Umschreibung vor. Auch das kostet Gebühr, die Sie wiederum bei der Gebührenkasse bezahlen müssen. Zurück zur Zulassungsstelle und den geänderten Kraftfahrzeugschein abholen? Nein, noch nicht. Sie benötigen ja neue Nummernschilder. Dazu müssen Sie außer Haus. Gleich um die Ecke gibt es einen Schildermacher, der Ihre Nummernschilder fertigt. Jetzt geht's aber zurück zur Zulassungsstelle, wo Sie endlich Ihren geänderten Schein in Empfang nehmen können. Ihnen fällt ein, daß Sie für Ihren neuen Arbeitgeber ja noch ein paar beglaubigte Abschriften Ihrer Zeugnisse benötigen. Sie gehen zum Sachbearbeiter für Beglaubigungen, der Sie zwischendurch wieder zur Gebührenkasse schickt, und lassen die Angelegenheit erledigen. Sie brauchen noch eine Geburtsurkunde? Ja das Standesamt ist in einem anderen Gebäude, nur ein paar Straßen von hier. Dort wird man Ihnen eine Geburtsurkunde ausstellen. Weil Sie Wohngeldbezieher sind, gehen Sie anschließend zum Sozialamt und geben Ihren Antrag auf Wohngeld ab. Wenn Sie dagegen eine Auskunft für Ihre Rentenangelegenheit benötigen, gehen Sie zur Rentenauskunftsstelle. Sie haben gelesen, daß es in Ihrer Stadt einen interessanten Volkshochschulkursus gibt? Dann gehen Sie doch bitte zur Geschäftsstelle der Volkshochschule. Jetzt nur noch die Kinder im Kindergarten anmelden. Also ab zum Jugendamt. Beinahe hätten Sie Bello, Ihren Hund vergessen. Der muß natürlich auch angemeldet werden, wegen der Hundesteuer. Das macht das Steueramt. Ob Sie mit Ihren Behördengängen jetzt fertig sind, ist schwer zu sagen. Vielleicht haben Sie bei der Stadtverwaltung alles erledigt. Deshalb kommen jetzt andere dran. Zu den Stadtwerken müssen Sie, um sich für Strom, Gas und Wasser anzumelden, Ihre Busfahrkarte müssen Sie auch noch besorgen. Jetzt geht es zur Bank: Konto eröffnen, Schecks besorgen usw.

Nach so vielen Wegen sind Sie ganz schön geschafft. Und eine Menge Gebühren mußten Sie, nach Ihrer Ansicht, auch zahlen. Könnte man Ihnen nicht die vielen Wege wenigstens innerhalb der Stadtverwaltung ersparen? Recht haben Sie. Es müßte doch eine Möglichkeit geben, daß Sie an nur einem Schalter sich anmelden, Beglaubigungen erhalten, eine Geburtsurkunde beantragen, den Wohngeldantrag abgeben und auch den Führerschein umschreiben lassen können. Schlagen Sie das Ihrer Verwaltung einmal vor. Es dürfte interessant sein, welche Argumente Sie erhalten, warum so etwas nicht geht. Es geht in der Tat, nur fehlt uns in der Verwaltung oft das Vorstellungsvermögen und der Wille dazu, so etwas umzusetzen. Zu sehr sind wir auf unseren bisherigen Verwaltungsaufbau und auf unsere Zuständigkeiten fixiert. Was bräuchten wir alles für so ein Bürgerbüro? Außer dem guten Willen zunächst einmal Mitarbeiter, die bereit und in der Lage sind, in einem solchen Büro bürgerorientiert zu arbeiten. Schon hier kommt meistens der erste Einwand der Kritiker. Solche Leute haben wir nicht in der Verwaltung. Was müßten das außerdem für Experten sein, die sich auf jedem Rechtsgebiet derart auskennen, daß sie das alles bewältigen? Hier liegt nach meiner Ansicht die erste Fehleinschätzung vor. Wieder einmal wollen wir Experten an den Tresen stellen, die sich in allen Rechtsgebieten auskennen und nur ja keine Fehler machen. Warum nicht gleich ausgebildete Juristen? In erster Linie müßten das doch Leute sein, die mit den Bürgern umgehen, Bürger beraten und ihre 08/15-Angelegenheiten bearbeiten können. Wenn wir ehrlich sind, müssen wir zugeben, daß 80 bis 90 Prozent aller Dinge, die wir in der Verwaltung bearbeiten, Routineangelegenheiten sind. Und die müßten von einem normal ausgebildeten Sachbearbeiter zu schaffen sein. Einerseits bilden wir unseren Verwaltungsnachwuchs universell in allen Rechtsgebieten aus, so daß sie überall in der Verwaltung eingesetzt werden können. Andererseits bilden wir sie nach ihrer Ausbildung in ihrem Arbeitsgebiet zu Experten weiter, so daß wir sie in einem anderen Amt nicht mehr gebrauchen können. Wir brauchen und sollen trotz der Bürgerbüros auf die Experten auch nicht verzichten. Wenn es schwieriger wird, übernehmen sie die ganze Angelegenheit. In der Filiale meiner Bank kann ich Geld abheben, Überweisungen tätigen, einen Kredit beantragen oder auch eine Geldanlage tätigen. Alles an einem Schalter. Wenn ich Beratung brauche, dann erst gehe ich zum Experten in der Hauptstelle. In der Verwaltung könnten wir uns ähnliches vorstellen. Bürgerbüros, die die Routineangelegenheiten bearbeiten, daneben oder dahinter die Spezialisten für komplizierte Fälle. Einige Verwaltungen haben uns das bereits vorgemacht. Natürlich benötigen wir dazu die entsprechende Technik. Mit seinem Computer versetzen wir den Sachbearbeiter in die Lage, die Anmeldung vorzunehmen oder auch den Wohngeldantrag einzugeben. Er ist an unsere Datenbanken angeschlossen und die Technik gibt ihm die notwendige Hilfestellung. Unsere Datenverarbeitungsexperten sehen hier allerdings noch einige Schwierigkeiten. Alle EDV-Verfahren, die wir bisher in der Verwaltung einsetzen, sind nicht auf dieses Ziel ausgerichtet, sondern stellen uns komplizierte Einzelverfahren zur Verfügung. Auch hier sind andere längst viel weiter: Über Datenleitung kann ich meine Kontostände von zu Hause aus abfragen, Überweisungen tätigen oder im Versandhaus meine neue Hose bestellen. Das ganze kann ich natürlich auch telefonisch erledigen.

In der Verwaltung sind wir längst noch nicht soweit. Unvorstellbar, daß ein Bürger sich vom Heimcomputer aus im Einwohnermelderegister anmeldet. Warum eigentlich nicht? Alle Autohändler sind bestens mit Computern ausgestattet. Meistens haben sie Verbindung damit zu den Zentralen der Hersteller. Warum sollte ein Händler sich nicht auch in die Datenbank der Zulassungsstelle einklinken und die Autos für seine Kunden dort zulassen können? In der Verwaltung fehlt uns noch die Phantasie und der Wille, solche Lösungen anzugehen.

Wäre es letztlich nicht auch für den Mitarbeiter interessanter, wenn er ein solch umfassendes Aufgabengebiet hätte, als immer nur Teilleistungen für den Bürger zu erbringen? Wie gesagt, ausgebildet ist er dafür. Allerdings müßten wir uns total von der bisherigen Verwaltungsstruktur lösen. Das fordert den Widerstand fast aller heraus. Die Amtsleiter sehen neue Aufgaben auf sich zukommen, denen sie vielleicht nicht gewachsen sind. Die Verwaltungsführung müßte ebenfalls total umdenken. Der Sozialdezernent müßte plötzlich mit dem Ordnungsdezernenten zusammenarbeiten. Die Verwaltung haben wir in der Vergangenheit schön nach Aufgaben gegliedert. Wir haben festgestellt, daß es Ordnungsaufgaben, Sozialaufgaben, Jugendhilfeaufgaben, Bauaufgaben usw. gibt. Daraus haben wir dann unsere Ämter gebildet, die teilweise aneinander vorbei arbeiten. Was der Bürger will, hat uns nicht interessiert. Warum ein Hund bei der Finanzverwaltung angemeldet werden muß, habe ich nie kapiert. Eben weil es etwas mit der Hundesteuer und somit mit den Finanzen der Stadt zu tun hat, sagen die Verwaltungsexperten. Aber die Festsetzung von Erschließungsbeiträgen hat auch etwas mit Finanzen zu tun, dennoch wird es in der Bauverwaltung erledigt, weil es eben mehr mit dem Bauen zu tun hat. Das verstehe mal einer. Überall haben wir Experten und Spezialisten. Die Ämter der Verwaltung kennen sich deshalb auf ihrem Aufgabengebiet auch ausgezeichnet aus, was der Bürger aber will, wissen sie offenbar nicht. Bei dem verwaltungsinternen hierarchischen Aufbau haben wir uns von den Aufgabenkatalogen leiten lassen. Dazu haben wir noch überlegt, welche Größen wir uns unter dem Gesichtspunkt der Leitungsspanne noch leisten können. Das soll heißen, daß wir Aufgaben solange zusammengefaßt haben, bis genug Masse da war, eine Organisationseinheit zu bilden. Letztlich, damit wir die Führungskraft dort mit Führungsaufgaben auslasten konnten. Im Extremfall hat das dazu geführt, daß wir kleine Organisationseinheiten mit nur fünf oder sechs Mitarbeitern haben. Welche Führungsaufgaben soll der Amtsleiter dort wahrnehmen? Aber sind wir einmal ehrlich. Auch in größeren Ämtern oder auch Dezernaten ist der Amtsleiter oder Dezernent noch sachbearbeitend tätig. Vielfach auch deshalb, weil er seine Führungsaufgaben nicht erkennt.

In der Verwaltung haben wir in aller Regel einen dreistufigen Aufbau. Manchmal jedoch kommt es schlimmer. Der Mitarbeiter, der einen Bescheid erstellt, legt diesen seinem Sachgebietsleiter, dieser wiederum seinem Abteilungsleiter vor. Dann muß der Amtsleiter ihn noch sehen und der Dezernent, bis er vom Verwaltungschef unterzeichnet wird. Dann waren schließlich sechs Personen daran beteiligt, wer trägt eigentlich die Verantwortung dafür, wo sich einer auf den anderen verläßt? Aber trösten wir uns. In der Industrie wird so gerne von „Lean-Management" gesprochen. Mit Erstaunen habe ich gelesen, daß es dort ebenfalls in der Regel sechs bis sieben Hierarchiestufen gibt. Die Frage nach weniger Hierarchie war auch Gegenstand einer Diskussion, an der ich neulich teilnahm. Die Kollegen stritten darüber, ob nun die Sachgebietsleiter, die Abteilungsleiter oder die Dezernenten abgeschafft werden sollten. Eine Frage, die sich so an und für sich gar nicht stellt. Wenn wir produktorientiert denken und unsere Organisation danach aufbauen, wird sich das Problem von selbst lösen. Also weg von der bisherigen Ämterorganisation und den engen Zuständigkeiten, hin zu Bürgerbüros.

Ein kritischer Kollege hat angemerkt, daß die Einrichtung von solchen Büros in etwa das gleiche wäre, als wenn Siemens von einem Verkäufer Staubsauger und Kernkraftwerke gleichzeitig verkaufen lassen wollte. Ich finde, der Vergleich hinkt etwas. In Ihrem Elektrogeschäft bekommen Sie von nur einem Verkäufer auch eine Hifi-Anlage, einen Fernseher oder eine Videokamera vorgeführt. Viele Dienstleistungen, die die Verwaltung erbringt, sind so unterschiedlich auch wieder nicht.

Viel gewonnen wäre eigentlich schon, wenn wir versuchen würden, bestimmte Produkte von nur einer Organisationseinheit erstellen und anbieten zu lassen. Kommen wir noch mal zum Beispiel Verkehrsüberwachung. Dort haben wir das Produkt „Ordnung des ruhenden Verkehrs" definiert. Zielsetzung ist genau das, was die Produktbeschreibung aussagt. Wir wollen in unserer Stadt, daß nicht überall wild geparkt wird, daß Fußgänger, Radfahrer, Busfahrer und Autofahrer als gleichberechtigt angesehen werden. Nicht Ziel kann es daher sein, so viel Verwarnungsgelder wie möglich zu kassieren. Unser Ziel wäre eigentlich dann erreicht, wenn wir solche Verwarnungen überhaupt nicht mehr aussprechen müßten. Voraussetzung für die Ordnung ist die Beschilderung der Straßen, so daß der Kraftfahrer weiß, was er darf und was nicht. Für die Anordnung, wo und welche Schilder aufgestellt werden, ist das Ordnungsamt zuständig. Die Ausführung übernimmt das Baubetriebsamt und die Kosten schließlich trägt das Tiefbauamt als Straßenbaulastträger. Für das Produkt „Ordnung des ruhenden Verkehrs" haben wir die Kosten kalkuliert. Die Personalkosten wurden berücksichtigt, ebenso die Sachkosten, aber die Kosten für die Beschilderung bleiben außen vor. Genau hier streiten sich dann Ordnungsamt und Tiefbauamt. Es sei Aufgabe des Straßenbaulastträgers, so argumentiert man im Ordnungsamt, die Kosten zu übernehmen. Eine Gesamtverantwortung für das Produkt wird nicht gesehen. Man beschränkt sich auf die nach dem Gesetz vorgeschriebene Aufgabe, den Verkehr zu überwachen. Gesetzliche Vorschriften werden auch für die Zuständigkeit des Tiefbauamtes angeführt. Die seien schließlich verantwortlich für den Straßenbau und somit auch für die Beschilderung. Richtig wäre, trotz aller entgegenstehenden gesetzlichen Vorschriften, eine ganzheitliche Betrachtung der Aufgabe. Wer nur Teilleistungen berücksichtigt, kommt auch zu falscher Kostenkalkulation und zieht die falschen Schlüsse daraus. Weil die Kalkulation unter Umständen einen günstigen Kostendeckungsgrad ausweist, wird dem Vorurteil Vorschub geleistet, die Stadt wolle sich mit den Verwarnungsgeldern den Stadtsäckel füllen. Wir müssen demnach die Verwaltung auch so aufbauen, daß für bestimmte Produkte nur eine Organisationseinheit verantwortlich ist. Daß man sich Teilleistungen irgendwo anders einkauft, wie in unserem Beispiel beim Baubetriebsamt, spielt dabei keine Rolle. Entscheidend ist, daß die Verantwortung gesehen wird. Bleiben wir noch ein wenig bei unserem Beispiel. Die Verantwortung läßt sich prima abschieben. Wenn es bei der Aufstellung von Verkehrsschildern Verzögerungen gibt, ist nicht das Ordnungsamt schuld. Es hat ja schließlich vor Wochen schon die verkehrspolizeiliche Anordnung erteilt. Auch das Tiefbauamt ist nicht schuld, es ist personell zur Zeit nicht in der Lage, allen Anordnungen nachzukommen und auch das Baubetriebsamt wird die Schuld von sich weisen, weil es noch gar keinen Auftrag erhalten hat. Das Interesse an einer raschen Durchführung bleibt auf der Strecke, niemand kümmert sich darum. Versuchen wir einmal, die Verwaltungsorganisation unter diesen Gesichtspunkten und aus der Interessenlage der Bürger zu sehen.

In der Verwaltung haben wir einen ausgeprägten Gerechtigkeitssinn. Wir wollen eine Gerechtigkeit, die es manchmal gar nicht geben kann. Die Müllarbeiter beginnen mit ihrer Arbeit gewöhnlich schon um 6 Uhr morgens. Sie haben dann verständlicherweise spätestens um 14.30 Uhr ihr Arbeitsende. Viele betrachten diese Arbeitszeit als vorteilhaft. Was liegt also näher, die Arbeitszeit auch für andere einzufordern, z. B. für die Gärtner. Was sollen Gärtner aber im Winter schon um 6 Uhr, wenn es noch stockfinster ist, für eine Arbeit verrichten? Darüber macht man sich weniger Gedanken. Weil alle ja in einem Betrieb arbeiten, hier also im Baubetriebsamt, muß man auch alle gleichstellen. Nur das kann gerecht sein und nur so haben wir zufriedene Mitarbeiter. Es fehlt uns in der Verwaltung an der nötigen Flexibilität. Immer wird darauf geschielt, ob der andere nicht etwa einen Vorteil hat, den wir nicht haben. Im

Bürobereich ist das nicht anders. Die Verwaltung hat von 8 bis 12 Uhr geöffnet, und zwar alle Ämter der Verwaltung. Ob unterschiedliche Kundenanforderungen bestehen, danach fragen wir nicht. Bei einem Sozialhilfeempfänger kann man durchaus davon ausgehen, daß er in dieser Zeit die Verwaltung erreichen kann. Kann man das auch bei einem Berufstätigen, der seinen Ausweis beantragen will oder dem Bauherrn, der eine Bauberatung benötigt? Was spricht dagegen, daß wir Abendsprechstunden einrichten? Nicht in der ganzen Verwaltung, aber dort, wo sie nachgefragt werden. Meistens wird dagegen argumentiert, daß man das den Mitarbeitern nicht zumuten könne und die Gerechtigkeit auf der Strecke bleibe. Auch sei die Einheitlichkeit der Verwaltung in Gefahr. In unseren Bürgerbüros werden wir schon so flexibel sein müssen, wenn sie erfolgreich sein sollen.

Wir haben uns nie gefragt, wer eigentlich die Abnehmer unserer Produkte sind. Natürlich sind es die Einwohner unserer Stadt. Aber ein bißchen konkreter sollten wir es bei manchen Produkten schon wissen. Warum? Jedes Bekleidungsgeschäft kennt die Art seiner Kunden. Je nachdem, ob es ältere oder jüngere, betuchte oder weniger betuchte, konservative oder progressive Leute sind, wird es sein Sortiment ausrichten und auch die Aufmachung seines Ladens oder das Verkaufspersonal darauf einstellen. In der Verwaltung scheren wir alle über einen Kamm. Bei unseren Personalausweisen werden wir sicher eine spezielle Zielgruppe nicht erkennen können, aber was ist zum Beispiel mit den Schwimmbadbesuchern, mit den Museumsbesuchern oder Theaterbesuchern? Machen wir dort immer das, was unsere Kunden erwarten? Ein bißchen Marketing täte auch der Verwaltung gut.

Bei schönem Wetter im Sommer sind fast an jedem Tag auf dem Hof vor unserem Standesamt Hochzeitsgesellschaften anzutreffen. Manche haben kleine Stände aufgebaut, es wird Sekt ausgeschenkt und etwas zu essen gereicht. Die Leute organisieren das selbst. Ich habe des öfteren dem Amtsleiter vorgeschlagen, dort einen Bewirtschaftungsservice einzurichten. Der Ratskeller ist im gleichen Gebäude. Tische, Stühle und Getränke könnten dort gelagert werden. Zusätzliches Personal würden wir auch nicht benötigen. Mit den Einnahmen könnte man das ausgleichen, was wir bei unserer Dienstleistung Eheschließung drauflegen. Dort haben wir nur einen Kostendeckungsgrad von 37 %, d. h. wir bezuschussen jede Eheschließung aus dem Geld der Steuerzahler. Ist die Idee so absurd? Ja, wenn wir in unseren bisherigen Kategorien denken. Der Gesetzgeber schreibt uns vor, was wir tun und lassen müssen. Wirtschaftlich betätigen dürfen wir uns nur in ganz bestimmten Fällen, z. B. dann, wenn die Interessen der Privatwirtschaft nicht tangiert sind. Einerseits wirft man uns vor, nicht flexibel genug zu sein, Private könnten unsere Leistungen besser erbringen, andererseits gibt man uns keine Chance, den Gegenbeweis anzutreten. Weil unser Standesamt in einem schönen Gebäude untergebracht ist und das Trauzimmer ganz ansprechbar, haben wir bei den Eheschliessungen einigen Zulauf. Ob wir die Sache gut oder schlecht machen, kassieren dürfen wir immer nur die gleiche Gebühr. Bei dem ermittelten Kostendeckungsgrad würde jeder Unternehmer seine Leistungen einstellen, sich nach Zusatzeinnahmen umsehen oder die Gebühren kräftig erhöhen. Wir können das nicht. Das Beispiel soll aber zeigen, daß wir uns über unsere Produkte zu wenig Gedanken machen. Organisation, Angebot und Preise sollten wir einmal nach diesen Kriterien überprüfen.

11 ... und die Mitarbeiter?

In Seminaren über das Mitarbeitergespräch sollten die Teilnehmer ihre Einschätzung darlegen. Ob sie denn glauben, daß in der Verwaltung ausreichend gesprochen wird über

- die Ziele der Arbeit des Amtes oder der Verwaltung
- die Entwicklung oder Erhaltung der Leistung der Mitarbeiter
- die persönliche Seite der Zusammenarbeit
- den persönlichen Beitrag des einzelnen zur Modernisierung der Verwaltung.

Die Teilnehmer sollten ganz anonym ihre Wertung abgeben. Es wurden mehrere solcher Seminare durchgeführt. Bei zwei Seminaren waren überwiegend Amts- oder Abteilungsleiter anwesend. Bei zwei weiteren Seminaren kamen die Teilnehmer nicht aus dem Führungsbereich; es waren Mitarbeiter ohne Führungsfunktion. Wie war das Ergebnis der Abfrage? Die überwiegende Zahl der Vorgesetzten war der Auffassung, daß über die vier Themen ausreichend gesprochen wird. Die Mitarbeiter waren jedoch ganz anderer Ansicht: 90 Prozent glaubten, es fänden keine ausreichenden Gespräche statt. Das Ergebnis ist Vorwurf und Forderung an die Vorgesetzten. Zumindest macht es deutlich, daß nicht darüber geredet wird, ob wir genug miteinander reden. Ein ähnliches Ergebnis brachte eine schriftliche und anonyme Befragung, die unter den Mitarbeitern einer Verwaltung durchgeführt wurde. Auch hier unterschieden sich die Aussagen und Einschätzungen von Mitarbeitern und Vorgesetzten. Es gibt also einen Unterschied darüber, wie man sich selbst einschätzt und wie andere jemand einschätzen. Sind wir gerüstet dafür, neue Modelle in der Verwaltung auszuprobieren?

Alle reden über Verwaltungskultur. Und davon, daß wir sie ändern müssen. Welche Verwaltungskultur haben wir heute? Wie wird sie von den Mitarbeitern eingeschätzt? Ordnung geht vor Improvisation, Sachlichkeit vor Menschlichkeit, Individualismus vor Kooperation, Vertraulichkeit vor Offenheit, Pflichterfüllung vor Erfolgsorientierung, Sicherheit vor Risiko, Hierarchie vor Gleichheit, Geduld vor Tatendrang, Fremdbestimmung vor Selbstbestimmung, Nüchternheit vor Phantasie und Theorie vor Praxis. So schätzen Mitarbeiter die Verwaltungskultur ein und wenn sie mit ihrer Einschätzung recht haben, ist es um die Einführung neuer Steuerungsmodelle schlecht bestellt. Wie gesagt, sind wir in der Verwaltung gewöhnt, nach Regelwerken zu arbeiten. Ein neues Steuerungsmodell wird von den Mitarbeitern als so ein Regelwerk angesehen. Das oder die neuen Modelle sind jedoch keine Regeln, die man befolgen müßte, und schon wären wir erfolgreich. Sie sind eher eine Art Philosophie, wie wir wieder mehr gesunden Menschenverstand in die Verwaltung hineinbekommen. In einem neuen Modell sind Flexibilität, Eigeninitiative, neue Ideen, Erfolgsorientierung, Qualitäts- und Kostenbewußtsein, Mut zum Risiko gefragt - alles Attribute, die wir in der Verwaltung nicht zu besitzen scheinen.

Blicken wir auf unsere Ausbildung zurück: Wir haben eine juristisch orientierte Ausbildung, keine kaufmännische oder betriebswirtschaftliche. Wir haben gelernt, die Entscheidungen des Bundesverfassungsgerichts nachvollziehen zu können, man hat uns aber nicht gesagt, was wir in der Praxis damit anfangen sollen. In den Lehrplänen für den Verwaltungsnachwuchs wimmelt es von Rechtsgebieten, die er zu pauken hat. Da ist von Haushaltsrecht, kommunalem Verfassungsrecht, bürgerlichem Recht, Sozialhilferecht, Verwaltungsrecht, Polizeirecht, Baurecht, Jugendhilferecht und und und die Rede. Nur von untergeordneter Bedeutung sind Umgang mit dem Computer, Kostenrechnung oder der Verkauf von Produkten. Solange die Juristen in den Ministerien die Lehrpläne erstellen, wird sich daran wenig ändern. Ich kenne einige ältere Kollegen, die in ihrer Ausbildungszeit Gesetzestexte auswendig lernen mußten. Das ist zwar heute nicht mehr der Fall, doch am Ergebnis hat sich nichts geändert. Gefragt sind nicht Intelligenz, Umgang mit anderen oder die Fähigkeit, auf eine Situation auf verschiedene Weise flexibel und angemessen zu reagieren, sondern das Pauken von Wissen und Sachverhalten. Entsprechend unflexibel wird das Wissen in der Praxis auch angewendet. Aus vielen Untersuchungen wissen wir, daß Führungskräfte heute bestimmte Schlüsselqualifikationen beherrschen sollten (das gilt im übrigen für die Verwaltung genauso wie für die Privatwirtschaft). Genannt werden u. a. die Fähigkeiten, mit der neuen Technik umzugehen, Zukunftsideen zu entwickeln und sie durchzusetzen, eine funktionsorientierte Organisation zu managen oder eben auch auf eine Situation auf verschiedene Weise flexibel und angemessen zu reagieren. Im Prinzip gilt das nicht nur für Führungskräfte, sondern auch für Mitarbeiter. Denn ein Teil der Mitarbeiter von heute sind unsere Führungskräfte von morgen. Je höher ein Mitarbeiter in der hierarchischen Position steigt, umso mehr muß er auch zwischenmenschliche und strategische Kompetenz besitzen, die fachliche Kompetenz tritt in den Hintergrund. Aber wer soll uns diese Fähigkeiten beibringen? Die Fachhochschulen für öffentliche Verwaltung sind nicht in der Lage dazu, weil die Dozenten dort so etwas nie gelernt haben. Wir müssen uns schon selbst etwas einfallen lassen. Aber wir tun heute immer noch so, als interessiere uns das alles nicht. Bisher haben wir Führungskräfte nach dem Motto ausgewählt: Wer ein guter Sachbearbeiter ist, ist auch ein guter Amtsleiter. Damit haben wir Fachkompetenz vor die Führungskompetenz gestellt. Nicht immer sind wir glücklich damit gewesen.

Mitarbeiterbefragungen belegen indes, daß dieses Auswahlverfahren noch immer als richtig angesehen wird und sie belegen auch - erschreckenderweise - , daß unsere Vorgesetzten glauben, der

Durchschnittsmensch ziehe es vor, geführt zu werden, werde der Verantwortung ausweichen und habe verhältnismäßig wenig Ehrgeiz. Unsere Vorgesetzten glauben darüber hinaus, Führungsfähigkeiten seien angeboren, so etwas könne man nicht erlernen.

Noch ein paar Daten und Fakten, wie Verwaltungsmitarbeiter sich oder andere einschätzen:

Einschätzung: Bei der Arbeitsdurchführung besteht großer Freiraum. Ich behaupte, da man alles nach Vorgang bearbeitet, kümmert sich der Vorgesetzte nicht um die Durchführung, dies wird als Freiraum empfunden.

Einschätzung: Die meisten Mitarbeiter sind entsprechend ihren Fähigkeiten und Kenntnissen eingesetzt. Die gegenwärtige Tätigkeit ist interessant, verantwortungsvoll, vielseitig, fordert die Fähigkeiten und Kräfte heraus, ist sinnvoll, macht Spaß, ermöglicht es, Initiativen zu entwickeln, ist kontaktintensiv und für die Allgemeinheit von Nutzen. Sie ist aber auch mit Streß verbunden und bietet wenig Weiterentwicklungs- und Aufstiegsmöglichkeiten. Sie wird natürlich nicht leistungsgerecht bezahlt. Wenn jemand der Auffassung ist, daß seine Arbeit nicht leistungsgerecht bezahlt wird, muß die Tätigkeit selbst natürlich in Superlativen gewürdigt werden, klar, daß sie auch streßig ist. Wiederum eine Frage der Einschätzung und Selbsteinschätzung. Daß solche Einschätzungen Wunschvorstellungen sind, beweist die nächste Aussage.

Einschätzung: Die meisten Vorgesetzten kontrollieren die Arbeit ihrer Mitarbeiter unmittelbar während des Arbeitsprozesses und nach dem Abschluß stichprobenartig. Wo ist der Freiraum geblieben? Also nicht ziel- oder ergebnisorientiertes Arbeiten, sondern Arbeiten nach Einzelanweisungen. *Die Mitarbeiter fühlen sich von ihren Vorgesetzten unzureichend informiert.* Andererseits: *Die Leistungsbereitschaft der Mitarbeiter läßt teilweise zu wünschen übrig.* Gute Beispiele dafür, wie man sich von Verantwortung lossagen kann.

Mehr Information und mehr Fortbildung sind die meistgenannten Forderungen in Mitarbeiter- oder Kritikgesprächen. Wenn Vorgesetzte darauf verweisen, daß die Leistungen der Mitarbeiter zu wünschen übrig lassen, wird der Kritik an der Aufgabenwahrnehmung vorgebaut. Man würde ja gern mehr tun, wenn nur die Mitarbeiter dazu bereit oder in der Lage wären. Daß der Vorgesetzte zunächst einmal selbst gefordert ist, über die Leistungen mit seinen Mitarbeitern zu sprechen, wird unterschlagen. Vorgesetzte sind mit der Personalausstattung in ihrem Bereich nicht ganz zufrieden, andererseits wird von den Mitarbeitern die Arbeitsbelastung nicht ganz und gar als erdrückend empfunden.

Die Liste der Einschätzungen (und Widersprüche) ließe sich noch lange fortführen. Vor diesem Hintergrund und mit dieser Verwaltungskultur führen wir also neue Steuerungsmodelle in der Verwaltung ein. Stellen wir uns folgendes Szenario vor:

Im Rat der Stadt stellt ein Ratsmitglied folgenden Antrag:
„Sehr geehrter Herr Oberbürgermeister, meine Damen und Herren. Schon wieder hat uns die Verwaltung einen unausgeglichenen Haushaltsplan vorgelegt. Alle Bemühungen, den Haushalt auszugleichen, sind gescheitert. In anderen Verwaltungen ist man wesentlich erfolgreicher. Dort hat man neue Steuerungsmodelle eingeführt und damit beachtliche Erfolge erzielt, ja, sogar den Haushalt ausgeglichen. Ich beantrage daher die Einführung des neuen Steuerungsmodells in unserer Verwaltung zu Beginn des nächsten Jahres.“ Der Antrag wird einstimmig angenommen.

Der Oberbürgermeister beauftragt nach der Ratssitzung den Hauptamtsleiter, alles zu tun, damit zum 1. Januar das Modell eingeführt werden kann. Dieser gibt folgendes Rundschreiben an die Fachämter heraus:

„Einführung des neuen Steuerungsmodells. Zum 1. Januar des nächsten Jahres werden folgende Maßnahmen eingeführt:

- Dezentrale Ressourcenverantwortung: Ab dem genannten Zeitpunkt nehmen die Fachämter alle Personal-, Organisations- und EDV-Aufgaben wahr.
- Haushaltsbudgetierung: Alle Ämter werden gebeten, unter diesem Gesichtspunkt, ihre Mittel für das nächste Haushaltsjahr anzumelden. Das Kämmereiamt teilt dann die Budgets den einzelnen Ämtern zu.
- Alle Ämter müssen bis zum 1. Dezember ihre Leistungen beschreiben. Es wird gebeten, vorab dem Hauptamt einen Produktplan vorzulegen."

Natürlich muß das neue Modell auch den Mitarbeitern vorgestellt werden. Im verwaltungsinternen Mitteilungsblatt wird berichtet, daß der Rat die Einführung des neuen Modells zum 1. Januar beschlossen habe. Dann folgt über zwei Seiten eine Darstellung darüber, was sich alles ändert. Das Mitteilungsblatt endet mit dem Satz: „Um Beachtung wird gebeten." Wie erfolgreich wird das Modell in unserer Verwaltung sein? Die Akzeptanz der Mitarbeiter wird nicht riesengroß sein, der Personalrat wird Sturm laufen und die Amtsleiter werden sich darüber wundern, was der Rat da schon wieder beschlossen hat. Nur durch Anordnung läßt sich die Verwaltung nicht in unserem Sinne umbauen. Wir brauchen die Mitarbeit und Unterstützung aller: Mitarbeiter, Vorgesetzte, Verwaltungsführung, Rat und Bürger. Wenn wir Akzeptanz für neue Modelle erwarten, müssen wir etwas für eine andere Denkhaltung der Mitarbeiter tun. Im neuen Modell steckt ja auch die Philosophie, daß jeder sich wieder für sein Handeln etwas mehr verantwortlich fühlt, nicht gleich nach dem Vorgesetzten oder dem Gesetzbuch ruft, wenn er etwas entscheiden soll. Ich habe den Eindruck, daß die Bereitschaft zu mehr Eigeninitiative und Verantwortung nicht nur unter den Verwaltungsmitarbeitern, sondern in der Gesellschaft generell nachgelassen hat. Dies geht einher mit stärkerer Ich-Bezogenheit, weniger Gemeinsinn und Solidarität der Menschen.

Wir wollen geleitet werden. Brauchen wir deshalb ein Leitbild für unsere Mitarbeiter? Die Sparkasse hat schon eins, die Stadtwerke auch. Da können wir nicht hintenan stehen. Wir sind ja auf dem Weg zum Dienstleistungsunternehmen, modern wollen wir auch sein - also muß für die Mitarbeiter ein Leitbild her. Da schreiben wir dann viele kluge Sätze und Vorsätze hinein. Daß wir uns als Dienstleistungsunternehmen verstehen, das die Bedürfnisse der Bürger kennt und jeweils mit modernen Methoden die erforderlichen Leistungen wirtschaftlich, sozial- und umweltverträglich erbringt. Ja und? Wer ist nicht überzeugt davon, daß er das tut? Daß wir uns orientieren an der Erfüllung der durch Gesetz, Rechtsverordnung oder Beschluß des Rates festgelegten öffentlichen Aufgaben. Nichts Neues, das haben wir doch schon immer gemacht. Die Bürger stehen im Mittelpunkt unseres Verwaltungshandelns. Das wissen wir längst. Bei diesen Allgemeinplätzen können wir noch mithalten, aber bei den Leitsätzen zur Verwaltungskultur oder den Grundsätzen für die Zusammenarbeit wird es kritischer: Wollen wir wirklich Veränderungen und sind bereit, Risiken einzugehen? Oder binden wir die Mitarbeiter in den Prozeß der Zielfindung ein? Oder gehen wir immer fair und offen miteinander um und tun daher nicht alles, was erlaubt ist? Ich kenne Amtsleiter, die der Überzeugung sind, das in ihrem Bereich längst alles verwirklicht zu haben.

Kurz nachdem wir in der Verwaltung ein Leitbild eingeführt hatten, habe ich mich mit einem Amtsleiter wegen irgend eines banalen Themas in die Wolle gekriegt. Das Gespräch endete damit, daß der Kollege mir sagte: „Na sowas, Sie geben ein solches Leitbild heraus und jetzt kritisieren Sie mich so." Wieder wird das Leitbild nur als Dienstanweisung verstanden. Der gute Mann hatte nichts, aber auch gar nichts verstanden. Das Leitbild wurde nicht von mir, sondern von einer Arbeitsgruppe, der Mitarbeiter aus der ganzen Verwaltung angehörten, entwickelt. Es wurde dann vom Oberbürgermeister herausgegeben. Aber im Zweifelsfall ist dem Mitarbeiter der Oberbürgermeister so fern wie irgendeine Arbeitsgruppe. Und dies bedeutet, daß man sich repräsentative Beteiligungen bei solchen Vorhaben gar nicht leisten kann. Also lieber alle informieren und beteiligen. Und sei es auch nur, daß der Entwurf des Leitbildes über ein Rundschreiben vorgestellt und dort diskutiert wird.

Mit solchen Leitsätzen kann man wunderbar das Verhalten anderer kritisieren und den Zeigefinger heben. Nur sein eigenes Verhalten überprüft man nicht. Wer nicht bereit ist, das Leitbild zu leben, wird es vergebens bei anderen anmahnen. Der Personalrat fragt, was denn die Verwaltung zur Umsetzung des Leitbildes zu tun gedenke? Auf so eine Frage kann man eigentlich nur antworten: „Nichts, aber leben Sie doch danach."

So ein Leitbild kann für die Umsetzung eines neuen Steuerungsmodells in der Verwaltung sehr wertvoll sein, eine Wunderwaffe ist es allerdings nicht. Will man eine Verwaltungskultur ändern, kann das nicht durch Verordnung und nicht von heute auf morgen geschehen. Es ist ein langwieriger Prozeß, der, wenn er erfolgreich sein soll, von den Mitarbeitern getragen werden muß. Genauso ist es mit neuen Steuerungsmodellen. Wir können zwar Instrumente zur Verfügung stellen, den Handlungsrahmen schaffen und Hilfen anbieten, alles andere aber muß auf eine breite Basis gestellt werden. Am 2. Januar werden wir dem Rat nicht berichten können, daß wir zum 1. Januar die Verwaltung erfolgreich umgebaut haben.

Und schon gar nicht darüber, was wir in Heller und Pfennig eingespart haben. Wie bei allen Veränderungsprozessen ist zunächst erheblicher Aufwand und vor allem viel Geduld erforderlich. Bleibt zu hoffen, daß der Rat das genauso sieht.

Beschäftigen wir uns einen Augenblick mit der Motivation der Mitarbeiter. Jeden Morgen, wenn wir die Zeitung aufschlagen, können wir lesen, was für Idioten wir sind, und in jeder Ratssitzung können wir es hören. Die Verwaltung ist immer der Prügelknabe. Komischerweise wird das von den Mitarbeitern der Sparkasse oder den Stadtwerken nie behauptet. Ein solches Feuerwerk der Kritik trägt bei den Mitarbeitern nicht unbedingt zur Motivation bei. Und nun kommen wir auch noch mit neuen Steuerungsmodellen. Zu Recht werden die Mitarbeiter fragen: „Was haben wir denn davon?" Da sind zunächst die finanziellen Anreize. Doch da haben wir (noch) nicht viel zu bieten. Wenn ein Privatbetrieb erfolgreich ist, kann er seine Mitarbeiter übertariflich entlohnen. In der Verwaltung können wir das nicht. Wir haben ein enges Geflecht tarifvertraglicher und beamtenrechtlicher Vorschriften. Wir bewerten zwar Stellen, aber ob der Mitarbeiter die Stelle auch erfolgreich ausfüllt, danach fragen wir kaum. Wenn wir doch einmal danach fragen, ziehen wir keine Konsequenzen. Soll ein Mitarbeiter in der Verwaltung höhergruppiert werden, fragt gleich der Personalrat, warum nur der und nicht auch der andere, der doch die gleiche Vorbildung hat und schon viel länger in der Verwaltung ist. Nicht die Leistung zählt, sondern alle möglichen anderen Kriterien werden herangezogen. Von Amtsleitern habe ich oft das Argument gehört, nun sei aber endlich sein Mitarbeiter mit einer Höhergruppierung dran, denn er sei schon so viele Jahre nicht mehr befördert worden. Beförderung als Weihnachtsgeschenk, weil alle so lieb waren.

Mit einer Beförderung oder Höhergruppierung werden allenfalls die Leistungen der Vergangenheit honoriert. Ob der Mitarbeiter auch in Zukunft und auf der neuen Stelle den Anforderungen gerecht wird, wissen wir nicht. Das aktuelle Engagement und die aktuelle Leistung können wir nicht honorieren. Dazu fehlen uns die Instrumente. Es kommt nicht selten vor, daß Mitarbeiter auf ein und derselben Stelle die Beförderungen absitzen. Warum denn flexibel sein, wenn es auch anders geht. Mit der Zeit kommen wir alle einmal dran. Einige neue Überlegungen gibt es allerdings. Da wird zum Beispiel von Leistungszulagen gesprochen. Aber wenn man das Wort nur in den Mund nimmt, äußern sich die Gewerkschaften „positiv". Leistungszulagen ja, aber dann für alle. Man solle sich doch einmal, bitte schön, vorstellen, in welches soziale Loch die Mitarbeiter fielen, die keine Zulagen erhalten. Vor den Leistungszulagen sei die Solidarität der Arbeitnehmer vor. Daß keinem etwas weggenommen werden soll, davon wird nicht gesprochen. Aber die Leistungsträger sollen etwas mehr bekommen als die Schlafmützen. Das ist der ganze Hintergrund der Idee. Es gibt andere Stichworte: Führung auf Zeit zum Beispiel oder eine Änderung unseres Bewertungssystems im Hinblick auf neue Steuerungsmodelle. All das steckt noch in den Kinderschuhen. Mit finanziellen Anreizen für unsere Mitarbeiter tun wir uns im Moment noch schwer. Bleiben uns die Motivationsanreize, die uns nichts kosten, aber dennoch wirksam eingesetzt werden können. Motivierende Arbeitsgestaltung, Personalführung, Kommunikation usw. Über diese Dinge kann man überall und viel nachlesen. Nur unsere Vorgesetzten in der Verwaltung müßten sie noch einsetzen. Wenn wir also fragen, wer das alles tun soll, schließt sich der Kreis wieder. Statt Einzelkontrolle durch die Vorgesetzten wäre Motivation angesagt. Ziele mit den Mitarbeitern vereinbaren, statt Bescheide unterschreiben zu wollen. Über die Zielerreichung mit den Mitarbeitern sprechen, statt Einzelfallbearbeitung. Sich um die Produktgestaltung und die Kosten dafür kümmern, statt Tätigkeitsbeschreibungen erstellen. Die Vorgesetzten in der Verwaltung werden, wenn sie delegieren, nicht überflüssig, aber sie könnten sinnvollere Aufgaben leisten. Die Diskussion darüber, ob denn nun Beamte oder Angestellte die billigeren Staatsdiener seien, wirkt angesichts dessen, was eigentlich zu tun wäre, lächerlich.

Als es der Lufthansa dreckig ging, haben Mitarbeiter auf Lohnzuwachs verzichtet oder gar Einbußen in Kauf genommen, bei VW hat man die 4-Tage-Woche eingeführt und Einkommenseinbußen hingenommen, um Arbeitsplätze zu erhalten. Ob unsere Mitarbeiter dazu auch bereit wären, oder ob sie sich bequem im Bürosessel zurücklehnen, weil ihre Arbeitsplätze ja sicher sind? Bisher brauchten wir die Frage Gott sei Dank nicht zu beantworten. Die Schrekkensvisionen werden aber schon angekündigt: Privatisierung und Abbau von Leistungen. Wenn wir und unsere Mitarbeiter kapieren, daß wir nicht so weitermachen können wie bisher, könnte das schon Motivation genug sein.

12 Warum es scheitern könnte

Wieder einmal ist eine Diskussion um den öffentlichen Dienst in Deutschland losgetreten worden. Solche Diskussionen finden alle paar Jahre statt. Ich kann mich erinnern, daß im Jahre 1971 eine Kommission unter dem damaligen Innenminister Genscher zur Reform des öffentlichen Dienstes eingesetzt wurde. Was dabei herausgekommen ist, weiß niemand mehr so richtig. Als junge Beamte waren wir damals lediglich daran interessiert, ob die Eingangsbesoldung für eine bestimmte Laufbahn angehoben wird. Auch damals wurde argumentiert, die finanzielle Situation von Bund, Ländern und Gemeinden zwinge zu einer grundlegenden Reform und: „so könne es nicht weitergehen." Es ist dennoch weitergegangen. Im Lauf der Jahre ist immer wieder über den öffentlichen Dienst diskutiert worden. Meistens war er der Prügelknabe. Kurz nach der Wiedervereinigung wurde zeitweilig anders argumentiert, es zeigte sich, wie notwendig eine intakte Verwaltungsinfrastruktur ist. Heute hat sich das Blatt erneut gewendet. Zu starre Strukturen und zu hohe Personal- und Versorgungskosten sind beliebte Schlagworte. Nach meiner Auffassung beherrschen insbesondere zwei Themen die Diskussion: Erstens die Privatisierung und zweitens die Reform des öffentlichen Dienstrechts.

Die Diskussion um die Privatisierung öffentlicher Leistungen wird heute schon fast ideologisch geführt. Ich habe nie so richtig verstanden, warum eine Leistung, nur weil sie ein Privatbetrieb anbietet, effektiver und effizienter sein soll. Wie ist ein solches Vorurteil entstanden? Oder ist es am Ende gar keines?

Eine Stadt betreibt ein Parkhaus. Es ist Aufgabe des Rates, die Parkgebühr dafür festzusetzen. Ein wunderbares Thema für eine Ratssitzung. Ob die Parkgebühr nun 2 DM oder 3 DM für die angefangene Stunde betragen soll, darüber kann man sich herrlich streiten. Betrachtet man so ein Parkhaus als Produkt, das die Verwaltung vermarktet, wäre eigentlich ganz klar, was zu geschehen hätte: Angebot und Nachfrage bestimmten den Preis. Wir hätten für unser Parkhaus eine Kostenrechnung und könnten daraus die Parkgebühr ermitteln, wobei wir uns auch nach den örtlichen Verhältnissen richten. Die Politik sieht das ganz anders. Man will dem geprügelten Autofahrer nicht noch mehr Kosten aufbürden und spricht sich für eine niedrige Gebühr aus. Das Defizit, das unter Umständen dadurch entsteht, muß der Steuerzahler ausgleichen. Argumentiert wird aber ganz anders: Weil man ja den ruhenden Verkehr ordnen und die parkenden Autos von den Straßen holen will, müsse ein Anreiz zur Benutzung des Parkhauses geschaffen werden. Deshalb darf die Gebühr nicht allzu hoch sein. Die Sache wird nicht nur im Rat diskutiert, sondern auch in der Öffentlichkeit. In der Presse wird darüber berichtet und in Leserbriefen tun Bürger ihre Meinungen pro oder contra kund. Dadurch steigt der Mut zu „unpopulären" Entscheidungen bei den Ratsmitgliedern nicht gerade an.

Jetzt stellen wir uns vor, das Parkhaus würde von einem Privatunternehmer betrieben. Was glauben Sie, wen es noch interessiert, wie hoch die Parkgebühren sind? Der Privatunternehmer kalkuliert seine Kosten und stellt sich den Marktbedingungen. Hat er eine große Nachfrage, wird er die Gebühr noch oben setzen. Bleiben die Kunden aus, versucht er vielleicht, sie mit günstigen Preisen ins Parkhaus zu locken. Eventuell wird er den Betrieb sogar ganz einstellen, wenn sich die Angelegenheit für ihn nicht rechnet. Für die Höhe der Parkgebühren wird sich allenfalls der Kunde interessieren. Er entscheidet sich, ob er für einen bestimmten Preis dort parken will oder lieber einen anderen, preisgünstigeren Parkplatz aufsucht, der aber weiter weg von der Innenstadt ist. Ich behaupte einmal, daß in beiden Fällen die gleichen Kosten für den Betrieb des Parkhauses entstehen. Die Verwaltung müßte sogar billiger arbeiten können, weil sie nicht gewinnorientiert ist und auch steuerlich etwas günstiger behandelt wird. Wenn sie allerdings (politischen) Zwängen unterliegt, kann sie nicht die gleichen Einnahmen erzielen wie der Privatunternehmer. Das Beispiel kann man auf der Kostenseite fortsetzen. Der Privatunternehmer stellt fest, daß in seinem Parkhaus nach 19 Uhr nur noch wenige Kunden parken. Für ihn stellt sich die Alternative, für die Nachtzeit die Gebühren hochzusetzen oder aber das Parkhaus nachts zu schließen. Er wird aber nicht für nur wenige Kunden rund um die Uhr eine Aufsichtskraft beschäftigen oder Energiekosten für die nächtliche Beleuchtung verursachen. Die Verwaltung kann so leicht nicht handeln. Im Rat wird beantragt, weil das Ratsmitglied X einmal im Monat eine Konzertveranstaltung besucht und dafür das nahegelegene Parkhaus benutzt, das Parkhaus doch wenigstens bis 24 Uhr offenzuhalten. Natürlich weist die Verwaltung auf die entstehenden Kosten hin. Aber wir haben unseren Bürgern einen bestimmten Service zu bieten, deshalb beschließt der Rat die erweiterten Öffnungszeiten für das Parkhaus.

Es kommt dann schließlich, wie es kommen muß: Zwei Jahre später stößt der Rat im Rahmen von Haushaltskonsolidierungsmaßnahmen auf das unwirtschaftliche Parkhaus. Natürlich kennt man in der Verwaltung die Kosten und die Erlöse. Die werden nun mit einem Angebot eines Privatunternehmers verglichen. Alles spricht für eine Privatisierung. Der Rat beschließt es einstimmig . Unter Umständen ist dies für ihn auch deshalb eine vorteilhafte Lösung, weil damit der politische Streitpunkt vom Tisch ist. Jetzt entscheidet nicht mehr der Rat, sondern der private Betreiber über die Höhe der Parkgebühr.

Die Verwaltung ist bei alledem der Dumme, weil sie nicht wirtschaftlich gehandelt hat. Das wird ihr vom Rat und der Öffentlichkeit vorgeworfen. Der Rat klopft sich auf die Schulter, daß er die Zeichen der Zeit erkannt und einen so unwirtschaftlichen Betrieb endlich privatisiert hat. So nach und nach setzt sich das Vorurteil in der Öffentlichkeit fest, Privatisierung öffentlicher Leistungen sei das Wundermittel. Die Verwaltung hat keine Chance.

Es gibt auch andere Formen der Privatisierung. Es sind aber oft nur Scheinlösungen: Man stülpt eine neue Rechtsform über die Einrichtung. In unserem Beispiel würde das Parkhaus nicht mehr von einem städtischen Amt betrieben, sondern man gründet eine Parkhaus GmbH. Was ändert sich? Die Mitarbeiter bleiben wahrscheinlich die gleichen. Sind sie schon allein deshalb flexibler, weil sie in einer GmbH tätig sind? Die Ausgaben und Einnahmen des Betriebes stehen nicht mehr im städtischen Haushaltsplan, sondern werden in einem Wirtschaftplan zusammengefaßt. Das Buchführungssystem ist das der Doppik, nicht mehr der Kameralistik. Der Betrieb ist nun der Aufsicht durch den Rat weitgehend entzogen. Sonst hat sich nicht viel geändert. Ja, doch, noch eine kleine Änderung: Für so eine Gesellschaft benötigt man natürlich einen Geschäftsführer. Und weil clevere Manager rar sind, muß man schon ein ordentliches Geschäftsführergehalt hinlegen. Eingestellt wird aber dann doch nicht der heißbegehrte Manager, sondern der Schwiegersohn des Ratsmitgliedes X, der so viel von Autos versteht. Die Gesellschaft ist eine hundertprozentige Tochter der Stadt. Sie arbeitet praktisch ohne Risiko. Die Stadt hat etwaige Verluste auszugleichen. Wo besteht nun der Anreiz für unser Unternehmen, wirtschaftlich zu arbeiten? Man hat sich von gewissen Zwängen befreit - eine Erfolgsgarantie ist es jedoch nicht.

Diese Art der Privatisierung treffen wir häufig an. Sie kommt immer mehr in Mode. Weil es so schön einfach ist, bevorzugt man solche Lösungen, anstatt sich mit einer schwierigen Strukturänderung in der Verwaltung herumzuschlagen. Wollen wir unsere Einrichtung nach einem neuen Steuerungsmodell gestalten, sind eine ganze Reihe von neuen Maßnahmen erforderlich. Produkte sollen beschrieben, Ressourcenverantwortung übertragen, Budgets zur

Verfügung gestellt werden. Können wir unseren Entscheidern klar machen, daß es eine Menge Arbeit bedeutet und längere Zeit braucht, bis wir auch nur die ersten Erfolge vorweisen können? Haben wir und der Rat die notwendige Geduld und das Durchsetzungsvermögen? Ist es nicht bequemer, nach „einfachen" Lösungen zu rufen? Wir könnten an dieser Einstellung mit unserer Verwaltungsreform scheitern.

Von der Bundesregierung, den Landesregierungen, von den Gewerkschaften und vielen anderen mehr werden zahlreiche Vorschläge zur Reform der öffentlichen Verwaltung in die Diskussion gebracht. Zunächst geht es um das Beamten- und Tarifrecht, das uns zu starke Fesseln anlegt. Natürlich ist mit den Vorschlägen auch der Abbau von „Privilegien" verbunden. Die Beamtenversorgung sei, auch gegenüber anderen Arbeitnehmern, zu hoch. Sie könne auf Dauer nicht mehr finanziert werden. Beamte gingen zu früh in den Ruhestand, Umsetzungen auf andere Stellen seien kaum möglich. Ganze Behörden blieben bestehen, obwohl sie keine Aufgaben mehr hätten, weil starre Regeln die Auflösung nicht möglich machen. Alle betonen, es würde nicht verkannt, daß es auch im öffentlichen Dienst sehr viele Mitarbeiter gäbe, die leistungsorientiert arbeiteten. Eine leistungsgerechte Bezahlung müsse her. Das alles will man, wie gehabt, dann mit neuen Gesetzen regeln. Ich wundere mich darüber, daß ein Ministerpräsident für eine leistungsgerechte Bezahlung im öffentlichen Dienst eintritt und sich als Gegner von Prozentabschlüssen bei den Tarifverhandlungen, „die mir viel mehr einbringen als dem Pförtner oder meinem Fahrer", profiliert. Wo ist die leistungsgerechte Bezahlung, wenn der Fahrer dann 5 % mehr Lohn erhält und der Ministerpräsident nur 1% oder gar nichts? Hier wird doch offenbar eine soziale Komponente bei den Tarifabschlüssen mit leistungsgerechter Bezahlung verwechselt. So war es denn auch stets in der Vergangenheit. Bestimmten Gruppen hat man etwas mehr zugestanden, den anderen etwas weniger. Leistungsgerechte Bezahlung kann aber doch nur bedeuten, daß man auch zwei Oberinspektoren unterschiedlich, eben je nach Leistung, bezahlen kann. In einem Privatbetrieb ist das nicht anders. Dort können zwei Mitarbeiter mit der gleichen Tätigkeit durchaus unterschiedlichen Lohn bekommen. Der Chef weiß, wer von den beiden der Tüchtigere ist und entscheidet über die Höhe des Lohns. Die bei uns so viel geforderte Transparenz gibt es dort nicht. Bei Diskussionen um die Einführung von Leistungszulagen für städtische Arbeiter war es für den Personalrat ein großes Problem, wer über die Leistungszulagen entscheidet. Es wurde kritisiert, daß der einzelne seinem Vorarbeiter ausgeliefert wäre, weil der allein über eine Leistungszulage entscheiden sollte. Wie so üblich, wurde die Einsetzung einer Kommission vorgeschlagen. Aber wer kennt denn eigentlich die Leistung der Mitarbeiter? Es ist doch der unmittelbare Vorgesetzte, nicht etwa der Sachbearbeiter des Personalamtes. Und weil der Vorgesetzte in unserem neuen Modell auch für das Betriebsergebnis verantwortlich ist, sollte er auch ganz allein darüber entscheiden, was ihm seine Mitarbeiter wert sind. Wir werden im öffentlichen Dienst ständig von einer Regelungswut gepackt. Alles wollen wir bis aufs Komma regeln und den anderen vorschreiben. Nichts dem Zufall oder der Initiative der anderen überlassen. In diesem Licht erscheinen mir auch die jetzt diskutierten Reformvorhaben. Wir bekommen vielleicht ein neues Beamtenversorgungsgesetz, das den neu eingestellten Beamten aufgibt, einen Teil der Beiträge zur Altersversorgung selbst zu tragen. Damit sparen wir erhebliche Finanzmittel ein. Aber haben wir damit die Verwaltung modernisiert? Im übrigen wird bei der Behauptung, die Mitarbeiter des öffentlichen Dienstes hätten eine gegenüber anderen Arbeitnehmern bevorzugte Altersversorgung, übersehen, daß es eine Menge Betriebe mit betrieblicher Altersversorung gibt. Das sind Leistungen, die eingeführt wurden, als es den Betrieben gutging. Dort wollte man für Mitarbeiter ebenfalls Anreize schaffen. Vielleicht ist die Altersversorgung des öffentlichen Dienstes ein Anreiz für qualifizierte Mitarbeiter. Die Diskussion wogt ständig hin und her. Je nachdem, welche Ziele man im Auge hat, werden die Argumente aufgetischt. In Zeiten leerer Kassen muß man einsparen, ganz klar. Dann dürfen Leistungen an die Bediensteten auch nicht tabu sein. Es ist aber noch gar nicht lange her, da hat gerade der öffentliche Dienst über einen ausgesprochenen Mangel an qualifizierten Kräften geklagt. In dieser Zeit ist viel über eine Verbesserung der Gehaltsstruktur geredet worden. Teilweise haben wir den Mangel noch heute, und zwar in ganz bestimmten Bereichen. Unserer Mentalität entspricht es jedoch, immer alles nach dem Gießkannenprinzip zu machen. Wenn wir einen Mangel an Bauingenieuren für den Tiefbau haben, bezahlen wir nicht etwa nur diese Leute besser. Nein, es wird ein Tarifvertrag gemacht, der auch den Gartenbauingenieur oder den Hochbauingenieur besser stellt, obwohl wir in diesem Bereich vielleicht schon einen Personalüberhang haben. Ist der Tarifvertrag erst einmal für die Ingenieure da, wird er ein Jahr später ausgedehnt auf die übrigen Mitarbeiter der Verwaltung. Alles ist wieder schön einheitlich.

Wenn ein EDV-Spezialist in der Verwaltung drei Monate täglich zwölf Stunden arbeitet, weil er alles daransetzt, ein neues Personalinformationssystem einzuführen, können wir das nicht honorieren. Wir stellen ihm anheim, die angefallenen Überstunden abzufeiern. Mehr ist meistens nicht drin. Eine Erfolgsprämie, wenn das Verfahren erfolgreich läuft, schon gar nicht. Würden wir so etwas tun, hätten wir kurze Zeit später mindestens weitere 20 Mitarbeiter auf der Matte stehen, die nach ihrer Auffassung in ihrem Gebiet ebenso erfolgreich waren. Dann würden wiederum schön gleichmäßig Prämien verteilt.

Wir müssen uns von der Vorstellung trennen, daß wir mit neuen Gesetzen und Verordnungen, seien sie auch noch so gut gemeint, den öffentlichen Dienst reformieren können. Versuchen wir es dennoch, ist ein Scheitern nicht ausgeschlossen. Was wir eigentlich bräuchten, ist mehr Selbstverantwortung auf allen Ebenen. Wenn eine Landesregierung sich für die Einführung neuer Steuerungsmodelle bei den Kommunen ausspricht, warum tut sie dann nicht auch den nächsten Schritt und läßt den Kommunen die notwendigen Freiheiten? Statt dessen entsteht ein neues Regelwerk, das die Kommunen erneut bindet, vielleicht in etwas anderer Form. Bekommen wir nicht vorgeschrieben, als Buchhaltungssystem die Kameralistik einzusetzen, so bekommen wir halt die Doppik vorgeschrieben. Die ist gerade up to date. Warum überläßt man uns nicht die Wahl? In einer Kommunalverwaltung haben wir zahlreiche Dienst- und Geschäftsanweisungen. Das sind von der Verwaltungsführung herausgegebene Vorschriften, die die Mitarbeiter an bestimmte Verhaltensnormen binden oder Verwaltungsabläufe regeln sollen. Es gibt solche Dienstanweisungen für die Gestaltung von Vordrucken, über die Reinigung städtischer Gebäude, für den Betrieb von Heizungsanlagen, über die Berechnung von Folgekosten bei städtischen Investitionen, für die Fahrer städtischer Kraftfahrzeuge und Dutzend andere mehr. Von den Mitarbeitern der Verwaltung wird die Flut dieser Dienstanweisungen oft beklagt. Wenn die Verwaltung sich nun entschließt, die Zahl der Vorschriften ein wenig einzudämmen, wird sie eine neue Dienstanweisung mit dem Titel „Dienstanweisung zur Einschränkung der Dienstanweisungen bei der Stadtverwaltung..." herausgeben. Die neue Dienstanweisung enthält zahlreiche Vorschriften darüber, ob und in welchen Fällen eine Dienstanweisung herausgegeben werden darf, daß das Hauptamt zunächst die Notwendigkeit, das Rechnungsprüfungsamt die kassentechnische Sicherheit und das Kämmereiamt die finanziellen Aspekte zu prüfen habe. Dann müsse der Dienstanweisungsentwurf noch der Beigeordnetenkonferenz vorgelegt werden, die darüber entscheide, ob die Dienstanweisung nun herausgegeben werde oder nicht. So gehen wir in der Verwaltung gewöhnlich an Probleme heran. Und so kommt mir auch die momentane Diskussion um eine Reform des öffentlichen Dienstes vor. Wir sehen ein Problem, streben eine Lösung an und schaffen dabei drei neue Probleme. Eine Verwaltungsreform auf dem Verordnungsweg wird uns nicht viel bringen. Die Reform muß nicht nur von allen getragen werden, sondern sie muß in den verschiedensten Bereichen von unterschiedlicher Art und Qualität sein. Sie sollte uns einen großen Handlungsspielraum einräumen, zum Experimentieren und zur Initiative anregen, uns Verantwortung übertragen, aber kein großes Regelwerk sein. Schon gar nicht eine Jahrhundertreform.

Hinweise:

Über die Einführung neuer Steuerungsmodelle in der Kommunalverwaltung gibt es zahlreiche Aufsätze, Abhandlungen, Berichte und Bücher. Eine vollzählige oder auch nur auszugsweise Aufzählung der vorhandenen Literatur ist an dieser Stelle nicht möglich. Die Kommunale Gemeinschaftsstelle für Verwaltungsvereinfachung in Köln hat seit 1992 sehr praxisbezogene Überlegungen dazu in verschiedenen Berichten veröffentlicht. Für Praktiker der Kommunalverwaltungen sei auf die bis jetzt erschienenen Berichte hingewiesen:

Bericht Nr. 19/92	Wege zum Dienstleistungsunternehmen Kommunalverwaltung, Fallstudie Tilburg
Bericht Nr. 5/93	Das Neue Steuerungsmodell
Bericht Nr. 6/93	Budgetierung: Ein neues Verfahren der Steuerung kommunaler Haushalte
Bericht Nr. 7/94	Dezentrale Personalarbeit - Der Beitrag der Personalwirtschaft zur Modernisierung der Verwaltung
Bericht Nr. 8/94	Das Neue Steuerungsmodell: Definition und Beschreibung von Produkten
Bericht Nr. 9/94	Outputorientierte Steuerung der Jugendhilfe
Bericht Nr. 14/94	Organisationsarbeit im Neuen Steuerungsmodell
Bericht Nr. 15/94	Verwaltungscontrolling im Neuen Steuerungsmodell

Ingrid Stratemann, Heinrich Wottawa

Bürger als Kunden

Wie Sie Reformkonzepte für den öffentlichen Dienst mit Leben füllen

1995. ca. 200 Seiten mit ca. 45 Übersichten

ISBN 3-593-35335-0

Die öffentlichen Verwaltungen stehen unter Konsolidierungsdruck. Allenthalben stehen sie vor der Frage: Soll die Leistungserstellung dort, wo es geeignet erscheint, privatisiert werden, oder gibt es Wege, um die bestehenden Institutionen durch die Einführung unternehmerischen Denkens zu modernisieren?

Stratemann und Wottawa gehen davon aus, daß sich neue Organisationsformen und Führungskonzepte nur dann umsetzen lassen, wenn der Reformbedarf von den Führungskräften und Mitarbeitern vor Ort anerkannt und durch konkretes, engagiertes Handeln eingelöst wird. Vor diesem Hintergrund stellen die Autoren die in der Psychologie der Angestellten und Beamten angelegten Voraussetzungen für wirksameres Verwaltungshandeln vor.

Der Erfahrungsschatz der Autoren macht das Buch zu einer anschaulichen, anregenden Lektüre, die Aufschluß darüber gibt, was sich hinter dem modischen Begriff der neuen Steuerung verbirgt: die Konzentration der Mitarbeiter in den Verwaltungen auf effektive Leistungserbringung für den Bürger. Um dafür aber nachhaltig wirksame Anstöße zu geben, brauchen die Reformer das für Akzeptanzgewinnung nötige Wissen und die daraus abgeleiteten Techniken.

Campus Verlag • Frankfurt/New York

Dirk Martens, Friedrich-Karl Thiel, Harald Zanner

Die erfolgreiche Reorganisation öffentlicher Unternehmen

Energieversorgung, Verkehr, Verwaltung

1995. 136 Seiten
ISBN 3-593-32275-3

Die richtige Antwort auf Ineffizienz, Beamtenhaftigkeit und mangelndes Kostenbewußtsein öffentlicher Unternehmen wird oft in einer Privatisierung gesehen. Solange sich jedoch an den Strukturen, an der Einbettung in den politischen Einflußbereich und damit an den Bewertungskriterien nichts ändert, werden auch privatwirtschaftliche Unternehmen über kurz oder lang in die altbekannten Verhaltensweisen verfallen. Auf Dauer erfolgreiche Lösungen ergeben sich erst, wenn der Systemzusammenhang beachtet und die Lehren aus dem häufigen Scheitern privatwirtschaftlicher Reorganisationen gezogen werden. Wie die Beratungspraxis zeigt, steht und fällt die Neuausrichtung öffentlicher Unternehmen und Verwaltungen mit der konsequenten Umsetzung einiger zentraler Punkte:

- Strikte Trennung politischer Wünsche vom öffentlich sinnvollen Leistungsangebot. Transparenz von Kosten und Leistungen statt der bisherigen Quersubventionierung.
- Klare Bepreisung erbrachter bzw. zu erbringender Leistungen nach außen (Politik) und nach innen, so daß zielführende transparente Entscheidungen erst möglich werden.
- Schaffung selbstverantwortlicher und sich selbst justierender Ergebniseinheiten, die letztlich auch zu internem Wettbewerb führen.

Campus Verlag • Frankfurt/New York